FROM -

禮悟

ENLIGHTENED

蔣承縉×李小光——著

推薦序

關於愛的眼淚

——aMEI（張惠妹）

出道這麼多年，答應在蔣哥的婚禮當證婚人，應該是少數讓我壓力超大的工作了！那天到場的賓客大約有一百人，絕大多數我都認識，但我不知道為什麼緊張到連握著麥克風的手都在發抖！

這是我真正參與的第一場同志婚禮，蔣哥和小光我都很熟，那天看著他們很帥地、紅著眼眶地走進會場，我受到了很大的震撼！從那天他們的眼神，我第一次感受到一段婚姻竟然可以來得這麼不容易、這麼需要勇氣！還記得那天的儀式，每一個好朋友都因為感動而哭，尤其在蔣哥牽著小光的手，跪下來跟蔣媽媽磕頭的那一刻……

幾年後再一次同時看到他們兩個，是在意外發生之後，削瘦的蔣哥、沉默的小光，乃至於愛哭的我，跟他們結婚那天一樣又是淚流滿面……

一對充滿故事的愛人，我因為祝福他們、也因為心疼他們而流淚。這些眼淚都關於愛，關於愛的快樂、關於愛的不完美。

當然最重要的是，都是關於愛的真真切切！

我是相信靈魂的，所以我知道他們依然用一種美妙的頻率在溝通，依然與日俱增地相愛著對方。

就像這兩次，我看著蔣哥和小光牽著的手，或許第二次只剩下一個人用力握著，但依然證明：愛是存在的！

推薦序

謝謝你的人生禮悟

——曲家瑞

翻開這本書，才讀了幾行眼眶就溼了，我搭著時光機，與你們倆一同來到二〇一七年，夏末的Ibiza，原本歡樂的渡假小島，竟成了與一生摯愛說再見的地方，這不是電影中才會發生的情節嗎？老天玩笑也開太大了吧！然而接下來一連串的考驗，才是故事的開始。

蔣哥，我都這樣稱呼他。在認識之前，常聽很多娛樂圈的前輩、晚輩說起這號人物，他帶過的歌手都是當今圈內最大咖，打下的江山嚇嚇叫，為同志發聲舉辦的「愛最大」公益演唱會，藝人朋友都共襄盛舉。與愛人小光的世紀婚禮，堪稱同志圈最浪漫美麗。

總是一件白T、牛仔褲，身型維持得非常好，目測年齡三十八，他率真、俐落、大嗓門的個性與我一拍即合，彷彿前世姐妹花。記得有一次聚餐，聊得好盡興，期間小光不時地走過來，坐在餐桌的一角，悠閒地側著頭望著眼前這個深愛的男人，微微燭光隱約照亮了小光俊俏的臉龐，那一刻，我突然感受到，無論經歷了多少風雨，與你一起走下去的那個人才是真的，而且愛是不用說出口的。結束回到家，我還跟媽媽爆料他們倆的愛情八卦。

兩年前一場突如其來的意外，奪走了一個男人的所有，眼睜睜看著你的另一半就這樣沉睡著，連一句道別都來不及說。蔣哥選擇去面對並接受老天賜予的這份禮物，命運再惡劣，我們也不要放棄自己活下去的權利，外面世界再殘酷，都要心存感謝與寬恕。

這段時間，蔣哥因為整理小光的日記，偶然發現平常不善言辭的他，從來沒有說出口，卻最貼近心靈深處的話語。也因此開啓了蔣哥出書的動機，透過書寫回應小光的手札，亦走一遍自己的人生，回首從小到大經歷過的苦難與挫折，一幕幕彷彿昨天。

我一邊讀一邊想，為什麼這麼多的成就，都是蔣哥創造，又為什麼這麼多的不如意，都讓蔣哥遇到，如果是我，應該早就死一百次了，如果不是蔣哥，有誰能夠承受命運一而再地捉弄與超越肉身的痛。

這個人不是三言兩語能夠形容的，他愛恨分明，滿腔熱情，極度簡約又浮誇奢華。他熱心公益不藏私，要求完美，凡事親力親為。被擊倒了，他更謙卑，沒有退路，他學會寬恕。

這本書描述了過去七百多天，一個人從跌倒再站起來的心路歷程，我知道未來的路還很長，但還是想說謝謝你，你的勇氣，謝謝你送給我們這麼珍貴的人生禮悟。

推薦序

生日禮物

——角子

「角子哥，我是小光！」我點開通訊軟體的留言檔，小光的聲音傳出來。「因為蔣哥的生日快到了，我想蒐集好朋友的影片祝福送給他，你可以錄一段祝福嗎？然後，要幫我保守祕密喔……」

我放下手機，當時在加拿大旅行的我，眼前正是尼加拉瀑布的美景，我馬上請身邊的朋友，把我最誠摯的祝福，連同眼前壯闊的風景，一起拍攝下來傳送過去。

我知道細心的小光，一定會把大家的祝福剪成一支很棒的影片，會很好笑、也很好哭，這是他們相愛的第十六年，這是他們最尋常的幸福日子，開心的時候就搭肩一起笑，感動的時候就靠著一起哭……十六年了，看見對方還是會快樂地笑出來，還是會願意為對方用心，而被用了心的那一方，還是會突然像大男孩那樣感動得落下淚來；十六年了，我不知道這個世界有多少曾經相愛過的人，還可以像他們一直這樣。

回到臺灣後，我聽說他們去了西班牙的Ibiza。原來如此，細心的小光會把影片帶著，連同準備好的生日禮物，在那個歐洲的知名美麗小島，給心愛的人驚喜。讓他最愛的蔣哥，在生日那天，不只擁有愛人的陪伴，也還有萬里之外的朋友們的祝福。

他們歐洲的自助旅行正在展開，我在臺灣的繁忙裡偶爾看見蔣哥的臉書，說此時到了哪裡，又看見了什麼新奇，經歷了什麼有趣……直到那天那則最新近況突然映入眼簾：

「原本不想驚動大家，但我實在已經無計可施了，希望臉書上有人可以幫幫我。九月一日小光在Ibiza的海邊溺水，心跳、脈搏停止兩分鐘，在急救後終於恢復心跳，但狀況非常危急，誰可以提供我聯絡國際SOS專機回國的管道？請大家幫幫我！我會繼續拚盡全力的……」

我愣住了，又認真地看了一次，很努力想把它解讀成一則旅行中的玩笑，但我確定它真的不是，在同一秒我的眼淚掉下來，那也是後來很多人的眼淚，我們焦心，我們不懂，一個這麼正直，做這麼多善事的人，為什麼還是會遇上這些?!

那是在臺灣的朋友們很驚嚇的一天；那是娛樂圈突然從那則文章向外擴散的一陣騷動；那是我們永遠無法體會的，蔣哥在Ibiza經歷的，地獄的一週。

然而，那都是一年多前的事情了……

如果你從來都不曾聽說過他，也不是他們的朋友，那我想換個角度來介紹他。他是蔣承縉，他在業界最知名的傳奇就是前後將蔡依林、羅志祥、楊丞琳三位藝人從谷底又推上演藝生涯的高峰。但我認識他的時間更早，我知道他人生更多的努力。

他是白手起家，二十二歲時帶著微薄的現金去美國念書，二十五歲成為奧美廣告當紅AE，三十二歲成為超級經紀人，四十五歲功成身退，轉入第二人生的餐飲業和傢飾業，四十八歲在西班牙遭逢巨變，為了專心照顧伴侶驟然結束所有事業。

除此之外，我還知道他人生許多對自己的「說到做到」。

他三十歲如期買了一臺BMW給自己，四十歲舉辦同志婚禮，並換了一間大房子，四十五歲擁有億萬身價，卻在四十八歲生日前夕遭遇一場生命的逆襲，人生崩盤。

從前的蔣哥很低調，他喜歡在幕後把事情做好，有很多出版社找他出書，很多媒體想訪問他，他都婉拒了。

可是五十歲這一年，他卻只想做這本書，送給自己，當作自己五十歲的生日禮物。

這本書，是他人生的突然回頭看，面對自己的人生所遭受過的命運逆襲，面對上天曾經降下給他的五種負面的情緒：恐懼、壓力、挫折、遺憾、孤獨，他是如何走過那一場場艱鉅的挑戰，而且終於在五十歲這年，理解了所有命運的逆襲，其實都是上天想送給你的禮物。

從前的他，跟你無關，也許你完全不知道他。

可是此刻的他，在經歷了這一年多的動盪起伏之後，他對人生各個面向的重新面對與理解，也許跟你正在面對的困惑相同，也許跟你正在承受的痛苦與恐懼也極其類似；而我其實更想這麼說，這一年多來，每當我又遭遇挫折與挑戰，我都會告訴自己，比起蔣哥正在經歷的，我這點又算得上什麼?!

這是他要送給自己的五十歲生日禮物。

這是上天在他五十歲這年，送給他的生日禮悟。

如果你也正走在這本書裡的哪一個篇章，或者這本書裡的哪一個段落，也讓你突然豁然開朗了，開始踏上了下一個階段的人生，歡迎你也把它當成自己的「生日禮物」。

推薦序

得到的與失去的，都很珍貴

——陳鎮川

認識小蔣的人，第一印象一定就是他那對會飛的「將軍眉」。

那對霸氣十足的眉毛其實很外顯地在一秒鐘就透露了他獨特的DNA，幾乎所有跟積極有關的形容詞都可以成立：「堅定」、「霸氣」、「勇敢」、「兇猛」，當然還有CC數足夠上高速公路的「重機……車」……

他笑起來和罵起人來都超級大聲、他要完成的工作絕對如期、他會為了催我交歌詞坐在我家客廳不走、他會為了去度假練好八塊腹肌、他為了帶氣氛會第一個喝醉……感覺上什麼都難不倒他，更沒有什麼是他怕的！

我跟這個好朋友在一九九六年認識，後來不管是工作上還是生活上，都有了很深的緣分！我們什麼都談、什麼都吵、什麼也都分享。當然包含十八年前，在餐廳幫他「鑑定」剛剛認識的小光。

那個傍晚，是我第一次看到瘦瘦但眼神很亮的小光，那時的小光就很懂事，得體的微笑在他小小的眼睛裡閃爍著。但其實席間我偷偷觀察我這位好朋友的時間，比觀察小光多多了，因為我們就是這樣的朋友：小光是誰不重要，只要他喜歡，我就一定支持和祝福！然而從他那天眉毛揚起的角度，我可以完全確定他對眼前這個人肯定是來真的。

後來小光搬進了他在我樓上的家，我們的生活更近了，在我跟小蔣工作剛剛要起步也最忙碌的那幾年，小光陪著我們一天一天過著日子，把小蔣照顧得很好，過著有喜有悲有樂有怒、有酩酊大醉、有滿社區找貓，有在中庭聊天太大聲被報警的快樂小日子。

然後，時間快到也來不及多想地，就以為這輩子大概就是這樣了……

沒想到，他們的人生中場多了一些風浪。這些後來的故事，他會在這本書裡面慢慢說給大家聽。

以我們的年紀來說，認識二十幾年這個數字其實並不太稀奇，但是要維持密切和穩定的朋友關係，二十幾年我自己覺得是一件不太容易的事，尤其是個性如此南轅北轍的我們。不過我不需要在這裡浪費他的紙墨說自己，這本書裡有我所有認識的、甚至之前沒有那麼認識的他，每一頁都應該用來好好品味他的世界。只是我很驚訝他會願意分享這麼多自己和成長的點滴，認識小蔣的人都知道，這對他不是一件容易的事，每一個章節的陳述，都是勇氣！

他是一個凡事都有計劃的人：有計劃的工作、有計劃的退休、有計劃的旅行、有計劃的記錄、有計劃的投資、有計劃的經營、有計劃的去愛，卻碰到意料之外的打擊……

以小蔣做事的毅力要寫完一本書並不讓人驚訝，我相信他在當時鍵盤上敲下第一個字的時候，就已經知道自己有足夠的力量，說完這個人生階段他想說的。對於這個朋友，我很佩服、也很心疼。

這本書裡面的他很赤裸、很誠實，他得到的和失去的都是很珍貴的經驗，是很值得閱讀的人生。在書裡，你將會不斷看到他那對飛揚的眉毛，倔強堅強地挑戰各種困難的人生課題，包括生死！

最後我要謝謝小光，是你讓我這個好朋友活得如此精彩！

推薦序

禮悟：將哀傷痛苦賦予意義的儀式

——蔡依林

印象中的蔣哥，總是幹勁十足，正義凜然。對於他的目標，總是有條有理；對於傷害他的，也會奮力回擊。如戰士的他，竟然願意掀開他的外殼，其實是相當令我驚訝的。

那些不曾被理解的片段，透過向內的探查和書寫，記念了他的勇敢，以及在愛的酸甜中，如何再重獲自由。原來，他的柔軟都藏在了這裡面。

承認自己並非無所不能，更使他充滿了力量，而他為愛人所做的一切，也變得更加有意義。

疼惜他的堅強的同時，更盛讚他的韌性，相信禮悟在加重加厚之餘，他也將更加自由。

在不斷冒險的人生路上，禮悟，就是他珍愛自己的儀式。

推薦序

生命難以囫圇吞下的滋味

——蔡康永

對於用力生活的人，我常常忍不住想靠近取暖，這應該是因為我在生活上過於懦弱與懶散，於是想見證別人的熱切與勇敢。

這就是我為什麼會很小規模地參與了本書作者蔣承縉的生活；我想知道他對愛情這麼堅信的原因。

所有真正能支撐我們的信念，都不可能是不勞而獲的。

我在這本書裡，看到了蔣承縉這些信念是怎麼得來的。

因為經歷過辛苦，才能令作者如此珍惜他所掙得的信念，願意為這些信念這樣堅定的付出。

如同所有童話故事用結尾隱瞞我們的，沒有人能「永遠幸福」地生活下去。王子與王子在一起以後，生活的考驗才正式開始。王子或公主，如果會莫明所以地到來，也就會莫明所以地離開。這才是永遠不變的真相。生活考驗我們的，是怎麼在得到之後，就開始準備去面對一次又一次的失去。

希望你在這本書裡能夠得到作者想要傳給你的力量。作者伸出了他滿是刻痕的手，那些刻痕形成了獨一無二的掌紋。願你握住他的手時，也同時感覺到自己的掌紋，是如此獨特，而值得珍惜。

所有曾經的苦，不會變甜，但會令我們嘗出生命難以囫圇吞下的滋味啊。

推薦短語

抽離不是件壞事！當你完全投入在人生中，反而會覺得充滿了困惑。但當你抽離時，你會看到很多原來你看不見的事，雖然有時那件事很殘酷、很虐心，但你反而看見了，於是你可以選擇面對或逃避，甚至你有可能找到出口！

——小S（徐熙娣）

很多傷痛猝不及防，逼人領悟；很多路得靠自己走，終成禮物。這本書，是很深很深的告白。在文字裡，我也隨他，死了幾回，活了幾回。

——吳青峰

人生要到幾歲，才會知道……「我是誰」！
事業要成功到何種境界，才能決定……「取捨」！
當你半百時，遭逢「無止盡」傷痛，又該如何領悟……面對！
看看蔣承縉的《禮悟》。

——張小燕

蔣哥用他精彩的生命故事，流暢生動的筆觸，無悔的一場愛戀，讓人深深思考人生到底是什麼，幸福是什麼？珍惜書中的每一句，就像珍惜從來不是理所當然的每一天。

——陳綺貞

我生命中，其中一道光——蔣哥。他透過自己的禮悟，幫助我們找到人生的禮物。

——楊丞琳

人生常常會在一個瞬間裡全變了樣，有些人的人生一夜成喜，有些人的人生一夜成悲。在這些喜和悲裡，我們都要學習怎麼成長，因為都是禮悟。接受了，愛，就能一直持續著……

——羅志祥

※：推薦序、短語均依照首字筆劃排序。

推薦序

推薦短語

自序

PART A 恐懼的禮悟

PART B 壓力的禮悟

PART C 挫折的禮悟

PART D 遺憾的禮悟

PART E 孤獨的禮悟

自序

禮悟

——蔣承縉

「出書」從來就不在我人生的規劃裡，就像我的「另一半」小光的溺水意外一樣。

我今年五十歲，回首來時路，面對人生中的每一次黑洞，都像被打入了不同的宇宙，在那一次次的墜落中體會到生命的脆弱，然後又在每一次的破水而出後，領悟到人生重要的究竟是什麼。

從「完美主義」到「順其自然」，從堅信「人定勝天」到此刻的「與天共處」，我終於學會在生命的不圓滿中尋找出路，收下這份上天給予的「知天命」禮物。

恐懼、壓力、挫折、遺憾、孤獨，這五種我們都曾經在生命中遭受過的情緒，我們抗拒、逃離，渾然不知它們都是上天降下的禮物，直到我們體驗領受，心悅誠服，才終成

「禮悟」。

會發行這本書，便是源自於我此刻的禮悟：擁有是靠「給予」而不是「爭取」；「分享」什麼就會「學到」什麼。只有給出去，你才會是真的得到，只有幫助他人，才能真的幫助自己

而愛與痛苦一樣都需要表達。希望用文字撫癒傷痕累累的我們，進而擁抱每一個需要陪伴、認同的人，醒覺地走過每一個生命的難關。

讓我們都能不再害怕跳出原有框架，正面體驗生命的逆襲，讓上天帶給我們的禮悟，成為我們再次探尋生命的可能。

像是冥冥中自有安排，在小光意外後，我看了他的日記，決定把他的某些文字，也收進本書，成為我們一起完成的「禮悟」。因為是他的變故，成為了我生命最巨大的一場淬鍊，是他留給我的愛，讓我得以走過這一切並終有所得。在此也要謝謝我們的好朋友作家角子，沒有他的細心指導，憑我一己之力，絕對無法完成此書。

如果這本書的某個章節，正是你的此時此刻；如果這本書的某個段落，真的鼓舞了你，請你也把它當成一份祝福送給他人。讓他們明白：人生不是為了要打敗別人，而是要不斷戰勝自己！把自己做好，才能使世界更美好。

最後，謝謝你對這份禮悟的支持，我將把本書的版稅全數捐贈給「愛最大慈善光協會」，用來幫助老人、孤兒、同志平權、流浪動物等四大弱勢族群，讓更多的人都有禮物！更希望像這本書的英文名字En-Light-ened一樣，以中間的light「光」讓他們相信人生，永遠有另一條路。

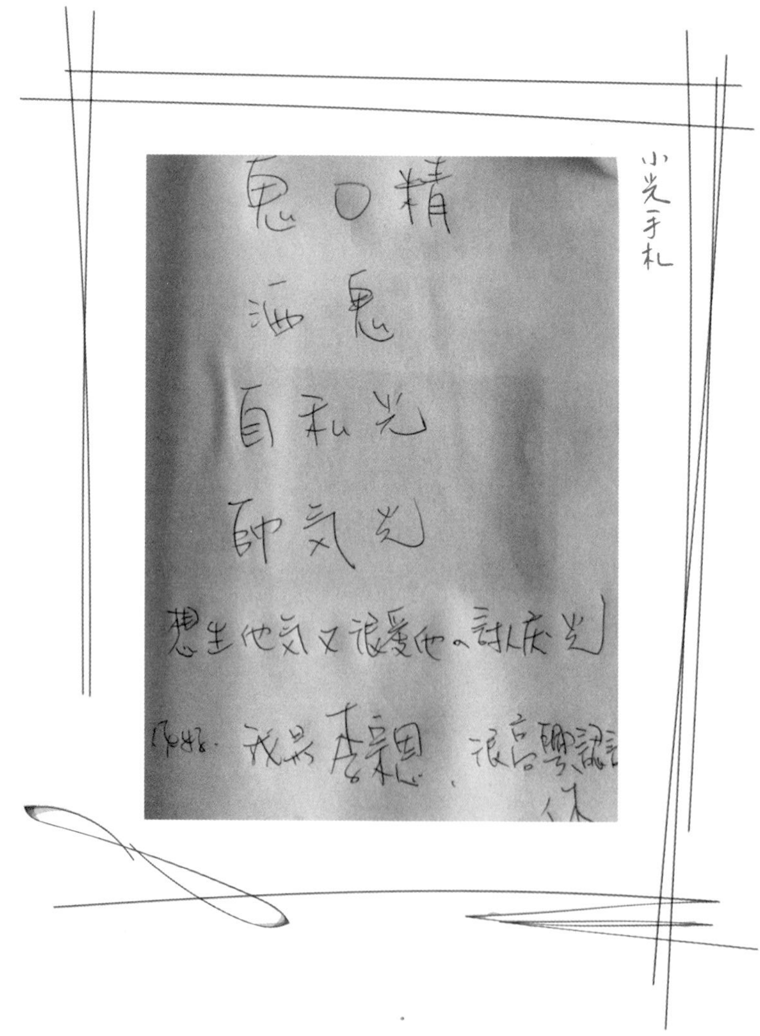
小光手札
鬼口精
淘鬼
自私光
帥氣光
想生他氣又很愛他の討厭光

PART A

恐懼的禮悟

——一個一帆風順的人是不幸的，因爲他永遠學不會如何面對恐懼，並且真的懂「愛」。

01 打不死魔鬼，就先跟魔鬼和平共棲

「恐懼」的逆襲一：

你曾經在人生的低谷，見過那個讓你恐懼、脆弱的魔鬼嗎？

該如何面對？是讓自己掉進深淵的泥沼，跟它共處？還是將它擊退？

這不是當時的我，所能夠做的具體描述；這更不是一個將近七十二個小時不曾闔眼的人，所能夠進行的觀察……

而我當時唯一的念頭，就是一定要把小光活著送回臺灣而已。

我搭過飛機的次數太多，陪藝人去工作，或者帶著小光去旅行——從沒想過有一天我會搭上國際醫療專機，飛越大半個地球回來，這次我們不是要回家，我們是要直奔臺大醫

院。我們正在跟時間賽跑，在過程裡隨便發生一件小事都可以把我們絆倒，都可以讓我們天人永隔；我應該要注意的事情很多，但此時此刻，我唯一能做的，就只是一直盯著螢幕，看著我的摯愛是不是還有心跳而已……

這「原本應該」是一趟我們期待已久的旅行，我們從臺北到巴塞隆納，從巴塞隆納又到了Ibiza，這趟旅行的下一個城市「原本應該」是佛羅倫斯。

這「原本應該」是一趟我在按部就班的人生裡，給自己的放鬆，結束後再回去繼續我該努力的一切。

生命中有許多的「原本應該」，後來都沒有真的那樣，我懂，也有過許多經驗。但從來沒有一次經驗，像這次這麼劇烈，就在頃刻之間，我的世界毀滅！一切都不再是從前的樣子。一秒，就跟過去的美好死別。

「你等下如果要游回岸上，一定要穿救生衣喔！」我在跳下遊艇前跟小光說，他正在我們一行六個人租來的小遊艇上晒太陽。我們的遊艇離海岸邊也才差不多兩百公尺而已。

我游上岸，邊散步邊看著正享受著美好陽光的遊客，也才幾分鐘的時間，突然我就看見同行的一位友人正在海裡扛著小光慢慢靠近沙灘……我馬上衝進海裡。

「小光溺水了，他游到一半溺水了！」友人驚狂的聲音，像一顆炸彈在我耳邊爆炸，我的耳膜好像破了，所有的聲音都開始變得好遠好遠……

岸上剛好有位遊客是醫師，馬上幫他做急救，五分鐘後小光吐出一堆泡泡，我以為會像電影般，他應該就快醒了，但當我伸手去摸，他還是沒有心跳跟脈搏，緊接著救護車來了，電擊了四次，才把小光從死神手上拉回來。後來我們火速到了Ibiza市區最好的醫院，醫師說他的狀況很糟，隨時都會因為腦死而走，每天說一次，我的心就死一次，每死一次，我心底的魔鬼就又長大一次。

你看過那個魔鬼嗎？你曾經在人生的絕境之處，見過那個讓你恐懼、脆弱的魔鬼嗎？

從小到大，我都是一個按部就班的小孩，不想要的就隨緣，我想要的就擬定計劃去得到。沒有藉口，堅持到底，我對自己總是「說到做到」。從去美國半工半讀念書，到回臺灣工作，我跌過跤，但我總是抹乾汗水、拍拍塵土就又站起來。我受傷過但從不退縮，可是這次我很弱。

在千萬里之外的西班牙，每個回臺灣的希望都像太陽一樣，每天升起又下沉。小光的狀況，讓歐洲大多數的醫療專機都不願意冒險接下任務。在等待專機的那幾個晚上，我每天在二十樓的飯店陽臺一直淚流不止，甚至一度想往下跳，但我知道他還在努力，所以我也不能放棄！直到終於有一個瑞士的醫療團隊跟專機願意接這個案子，真的太感謝Elva蕭亞軒的幫忙，我們終於可以回臺灣了，回臺灣我們就可以想更多的辦法了。

即便，這張機票的費用是新臺幣一千萬元。我是白手起家，工作這些年雖然收入不錯，但這筆費用依然是我身家的幾分之幾，但是我一秒鐘都沒有猶豫，因為他是我的全部，他是我的命。

在安靜的醫療專機裡，大多數的時間聽見的都是機器規律的聲音。

我想得太多，卻都是支離破碎的未來，其中沒有一個碎片，是我有把握的。

而我心底的那個魔鬼，一直在這個機艙的某個角落，它沒有離開，我知道這一幕幕的魔鬼回憶，它再也不會離開，此後會一直跟隨著我。

我沒有擊倒它，也無法擊倒它，於是我選擇跟它和平共處。我不妄想消滅它，因為那樣只會給自己更大的壓力，然後讓我變得更虛弱，當我們更虛弱就會讓魔鬼更壯大。

在命運突然發動的逆襲裡，人很渺小，因為我們無法改變事實，我們自責，我們更大的難題是「害怕」，因為我們不知道還有什麼將要發生？

其實，在命運的魔鬼面前，我們不必虛張聲勢，不必急著用誇大的樂觀，將它毀滅，因為連我們自己都不會相信故事只到這裡，也不會因此就成功地停止憂慮。

我知道我將會更習慣它的存在。我會學到，**與其竭盡心力殺死心中的魔鬼，到不如先與它和平共棲；與其耗盡力氣去跟魔鬼對抗，到不如先好好擁抱自己。告訴自己，最糟糕的時候，已經過去。而「活著」就是我們接下來最大的武器。**我恐懼但努力練習不擔憂，因為擔憂從來都無法阻止災難發生，只有直視著魔鬼，我們才會有機會，**等到下一次實力你消我長的時機，將它徹底消滅。**

在二十二個小時的航程後，醫療專機終於抵達臺灣。跑道的盡頭有一群朋友正在等我們。

而這場苦難會有盡頭嗎？在盡頭等待著我們的，又會是什麼呢？

我永遠不會忘記專機降落在松山機場的那一刻，那是九月八日的清晨，是我的生日。

「我不要禮物，我最需要的是大家給小光的集氣祈福。」我在臉書上跟朋友報平安說。

我是真的不想要任何禮物。

卻渾然不知，上天在這一天給了我一份大禮。一份讓我從失去、看清、到放下的，生日禮悟。

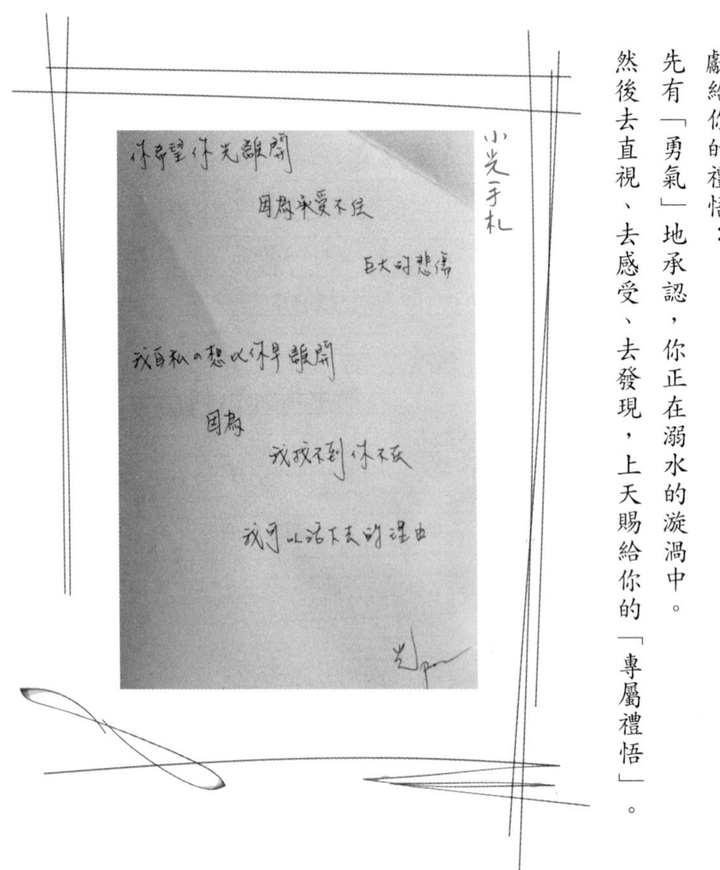

你希望你先離開
因為承受不住
巨大的悲傷

我自私的想比你早離開
因為
我找不到你不在
我可以活下去的理由

光

小光手札

獻給你的禮悟：

先有「勇氣」地承認，你正在溺水的漩渦中。

然後去直視、去感受、去發現，上天賜給你的「專屬禮悟」。

02 別猶豫大聲求救，破出水面才能再次呼吸

「恐懼」的逆襲二：

你曾因恐慌而有失眠、焦慮、心悸、冒冷汗的症狀，甚至經歷過「恐懼」如海嘯般來襲，而無法呼吸嗎？

臺大醫師給我的答案跟西班牙的醫師差不多：「大部分的腦細胞已經死了，完全沒有機會。」每一次當我又遭受這樣的重擊，我都硬撐著。

加護病房每天的探病時間，看著小光的狀況時好時壞，我的心情也像坐雲霄飛車一樣大起大落；每天十次的翻身、拍痰、抽痰、灌藥……我眼睜睜看著他受苦，卻無能為力，覺得自己很無能。

每天的探病時間，都會有許多朋友來看他，大家的擔心跟關心，我懂，但我也知道這是一個痛苦的話題，這是東方人「報喜不報憂」的習慣，當大家覺得自己的關心是於事無補的，就把關心淡出成遙遠的祝福，選擇不再打擾。

而我的心態，又何嘗不是東方的？一來是希望抵抗力脆弱的小光，不要被傳染感冒，讓病情更雪上加霜；二來是接下來必需做一些困難的決定，不想讓朋友看了難受，而且我相信小光也不希望大家看見他受苦的樣子。於是我做了暫時謝絕訪客的決定。

但我的心也因此而更加孤寂了。

我一直持續失眠，分不清是醒著還是昏睡著？分不清是真實還是幻夢？但我想著：如果你一直沒醒過來，我還能撐多久呢？或者如果你醒了，但因為腦損傷而導致的諸多殘疾，我萬一用盡方法也無法將你治好，在你有意識的情況下，天天絕望地看著我，你會不會怪我?!

親愛的，我拚了命救你回來，我沒有後悔，你呢？你會不會怪我？

我翻來覆去，任何一個躺的姿勢，都讓我想起正在病床上吃苦的你，這是我的姿勢，這也像你躺在病床上的姿勢，我很害怕，我很心疼，那是不是也是你的心情呢？

那一晚，全無徵兆，我的恐慌症突如海嘯來襲，我心悸、冒冷汗、無法呼吸，那是第一次，卻從此啓動了我情緒的潮汐，在接下來連續幾天，都持續發生。

如果小光住的加護病房，再加上「心理」兩個字，我覺得自己也快要住進去了。

醫師開給我的抗焦慮藥物，吃了反而會讓我的心情更低落，我吃了幾次便不敢再吃。

從Ibiza回來，我始終沒有勇氣進房間睡覺，那是一直有你的床，我知道你會希望我休息，但我真的做不到，我只能睡在客廳的沙發上，夜不成眠。我們養的六隻貓，夜裡沒有牠們習慣窩的大床，只能散落在客廳的幾個角落……親愛的，你什麼時候回來？牠們都在等你，我知道牠們都比較愛你。

那天，我到保險公司辦事，我站在大廳門口，望著外面擁擠的信義區，突然覺得人群很可怕，突然很想大哭，於是我急忙跳上計程車，我想回去醫院，諷刺地驚覺，臺大醫院竟然成為我人生唯一的堡壘。而且我發現每隔四十五分鐘，我就會失去理智一次，重點是我還不能跟旁人說，因為他們會以為我瘋了！

外在也許毫無改變，內在卻已是廢墟，原來溺水的不只是小光，其實我也溺水了，而且隨時也可能死去。我不可以，我還要照顧小光，我突然意識到自己的狀況快要失控了，於是我開始呼救，開始對外求援。

我的第一步是，找好朋友到家裡陪我睡覺。在幾位好朋友的陪伴下，我也許依然夜不成眠，但起碼不那麼孤單。起碼，因為他們在身邊，而不會失去跟真實世界的連結。起碼，我不會一個人，再度在暗黑的深夜裡迷航……

我開始從客廳的沙發出發，慢慢地靠近我的房間，終於，我真的可以重新再睡上我的床。

一場生命的驟變，如果你也一樣被撕裂了，就會像經歷了一場身心的九二一大地震。要重建家園，每一步都很艱難，需要很多人的幫助。

用你的方式難過，但別獨自承受，勇敢地與他人分享感受，並尋求支持。

對於身邊需要幫助的親友，我們也不要遲疑伸出援手，是的，**受傷的人也許很混亂，要處理的事情很多，但其實他們真正要面對的只有一件事，就是「孤獨」。**所以不要害怕打擾他們，不要說真抱歉我都沒跟你聯絡，因為我不知道要說什麼。

「沉默」是最可怕的殺手。

你的「關心」就是最好的支持。讓正在受苦的人知道，其實你知道他很痛苦，而且你會一直在他身旁。

不要害怕麻煩你的朋友，這一生，你總得知道，誰是你真正的「知己」，而誰其實也只是你的「過去」而已。

你還在努力，對這場考驗，你從不迴避。你難免孤單，也經常必需一個人鼓勵自己。**當你覺得快要不能呼吸，請別猶豫大聲求救，因為只有破出水面，我們才能再次呼吸，然後，繼續迎向這場逆襲。**

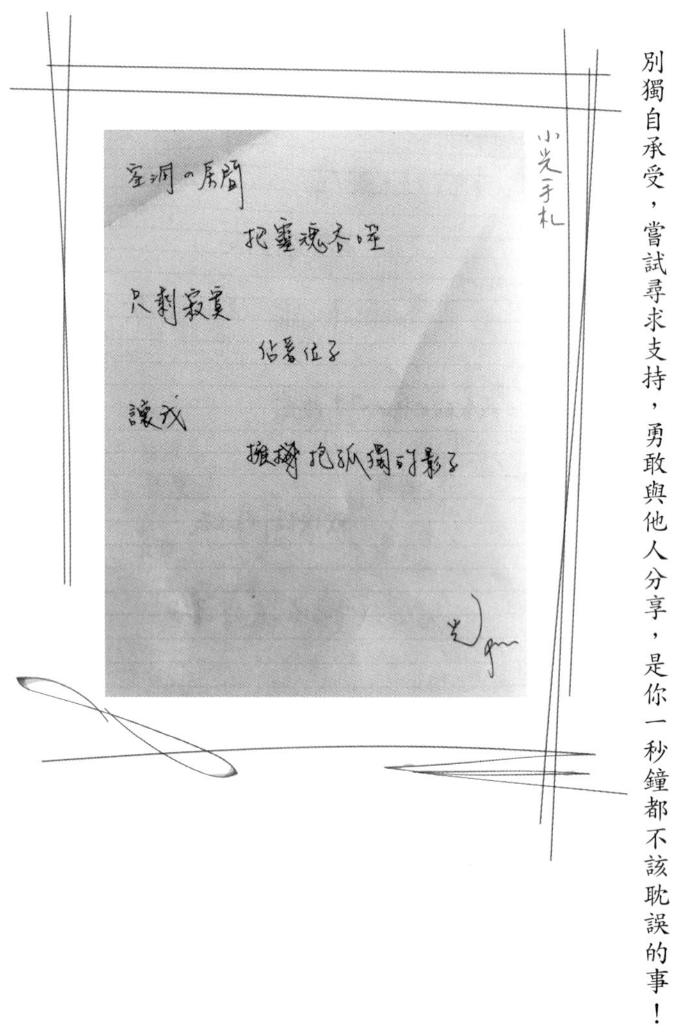

小光手札

空洞の房間

把靈魂吞噬

只剩寂寞

佔著位子

讓我

擁[illegible]抱孤獨的影子

光

獻給你的禮悟：

別獨自承受，嘗試尋求支持，勇敢與他人分享，是你一秒鐘都不該耽誤的事！

03 有光就有影，選擇面向哪一面，決定權在你自己

「恐懼」的逆襲三：
我們都有過因害怕而躲在陰影中的經驗，持續凝視黑暗的人，將被自己想像出來的闇黑吞噬……

如果你很想知道這個故事的結局，那我可以先告訴你，這不是一個夢想成真的故事，這個故事直到現在也還沒有出現任何奇蹟。

也許奇蹟大多只發生在戲劇，而我們大多數的人，面對的都是最真實的人生。

如果小光溺水的那一刻，是我那場恐懼的開始，那後來的滿月、百日、兩百日、三百日到週年，就是我那條恐懼心路的不斷加長……

在這段期間我總共試過了七十二種療法，西醫跟中醫的，科學跟玄學的：從最新的幹細胞到ＢＴＣ，從踩蹻到仁神術[1]，還請教了全臺二十五間廟宇高人等等。只要有機會，任何方式我都願意試，任何有名的醫師或老師我都去請。然後就盼著他們說的那個會有效果的日期到來，最後在那個幻滅的時刻，默默地回到現實。其實我的內心不是真如外表所表現的安靜，每一次的失敗，我都像中了「七傷拳」一樣，五臟六腑，翻騰不已，這一年下來，我已經武功盡失……

而最大的失去，是我多年來信仰的人生座右銘：「只要你『相信』，就一定可以做到！」──這個讓我在事業上屢戰屢勝的信念，卻在這個命運的逆襲裡被摧毀殆盡。

這些日子以來，身體就像裝了自動導航，每天時間一到，就自動啓動裝置去看你。那陣子固定每週三次的大清早，我推著輪椅帶你去醫院做復健，那時我們終於又恢復一起外出，仁愛路的紅磚道感覺好短，又感覺好長，就好似我們之間的距離，明明那麼近，卻又感覺那麼遙遠……

每到一個新的醫療單位，當他們問我是你的「誰」？親愛的，我從來沒有遲疑，我都說我是你的「伴侶」，這十六年來，在人生的每一個「此刻」，我們都是一起面對的，我們一起快樂、一起承受也一起成長了，只是此刻，我們明明還在同一個世界，為什麼我卻覺得你已經離我越來越遠了……

這一年來，每個月必須安排的驗血、驗尿、換管，還有消化科、泌尿科、神經內科、骨科的定期回診，雞湯、維他命及各式營養品的補充，我鉅細靡遺，拚命追趕，卻怎麼樣也追不上，你在過程中快速的失能變化。看著你的小腿開始萎縮，我的心，也跟著萎縮了……

我明明「相信」了，也都拚命做了，為什麼最後看起來，還是什麼都沒有做到呢？

每次遇見朋友，面對大家的問候：「你還好嗎？」我看著大家關心的眼神，總是努力笑

1　踩蹻與仁神術皆是自然療法的一種，踩蹻乃以施術者的雙腳刺激經穴，仁神術則是以雙手為媒介，釋放身體的能量鎖。

著說「還好」。其實我也很想問自己：「都一年多了，為什麼你還沒有好？」

我可以「假裝」好多了，有時候連自己都幾乎要騙過了……但只要臉書突然出現一張跟小光有關的照片回顧，或是生活裡突然出現的一個簡單符號，就能輕易把我提醒了、擊潰了……親愛的，原來你就是我過去十六年的一切，我的喜怒哀樂、我的生活、我的呼吸，而我找不到任何一個出口，任何一個走出去的指標。晚上安眠藥，白天鎮定劑，偶而加一顆自律神經的藥，才能讓我不崩潰地再過了一天！天知道，我每天要花多大的力氣，才能起床！

那就是每個在陰暗裡過日子的傷心人，都可以體會的心情。對自己誠實的時候，日夜失眠、無法呼吸、悲傷到肌肉酸痛。努力「假裝」沒事的時候，會發現自己在臉書一直刷著的都是從前跟小光一起拍的照片；靜靜地吃飯，會突然被不知何時流下來的眼淚嗆到；答應朋友要出來聊聊的聚會，怎麼才一坐下來，就一心只想把自己灌得爛醉；連參加朋友的生日聚會KTV，都會假裝要上廁所，然後一個人躲在包廂廁所裡掉眼淚……

而你又是在那樣的陰影裡撐了多久，才像我突然驚覺到：**如果我一直凝視著陰影，那我將永遠看不見光；如果我持續專注在失去，那我接下來只會有更多的失去。**

持續凝視黑暗的人，一開始看見的是黑暗，漸漸地就會在黑暗中產生各式各樣的幻影，而那其實都是我們自己想像出來的，我們經常不是被真實打敗，我們是被自己想像出來的闇黑吞噬。

於是，我開始重新看見，並且再次相信「相信」的力量。只有努力看向光的人，才不會被闇黑的信念迷惑。即便此刻不一定有光，但是只要我們持續往前，而且「相信」前方終會出現光亮，「相信」會讓你勇敢，「相信」會讓你展現更多可能，我們從什麼時候開始「相信」，路就會開始不一樣。

「相信」是不容易的，但是「相信」絕對可以練習。足以點燃你的「相信」的燃料，絕對不是傷心，也不是遺憾，而是「愛」。

那就是當你真的很愛一個人，很珍惜一份愛，可是當那個人消失，那份愛並不會消失，而是轉換成另一種形式被「儲存」下來。你會永遠記得那場愛，你們曾經走過的一切，你曾經在裡面感受到的幸福，都一直存在你的記憶裡，從不曾消失。

生命的旅程，我們永遠不知道何時會終止，何時會失去。

「害怕」是沒有用的，因為再努力我們也無法阻止生命的終止；再聰明我們也無法預知未來。我們真正應該學會的是「珍惜」，更珍惜此刻所擁有的，更努力對愛的人好，如此即便面對無常的逆襲，當人生的變故發生，我們也許依然會遺憾，但我們將不會後悔。

人生的路很長，是的，我們總是在前進的過程中失去，但我們也會在新的路程中獲得。

讓我們努力跟記憶中「美好」的那部分連結，因為只有跟「美好」連結，我們才能面對悲傷來襲，卻依然勇敢；才能在遺憾肆虐的時候，還依然溫暖，依然感激，彼此曾經有過那段千金不換的美好。

「遺憾」是因為曾經「美好」，「傷心」是因為曾經「幸福」。生命的顯像，永遠都是一體兩面。光與影，永遠都是並存。有光就有影，選擇面向哪一面，決定權永遠在我們自己。

選擇面向陰影的人，從那個「失去」開始了更多的失去；而努力看見光的人，從「失去」而終於得到了永恆的擁有。

你永遠不會失去那份「愛」，但如你對它失去信心，你將再也看不到「真相」，相反地，那份愛將因為你的「珍惜」而永遠地存在——那從來都不是一個奇蹟。只要你「相信」，就一定可以做到！

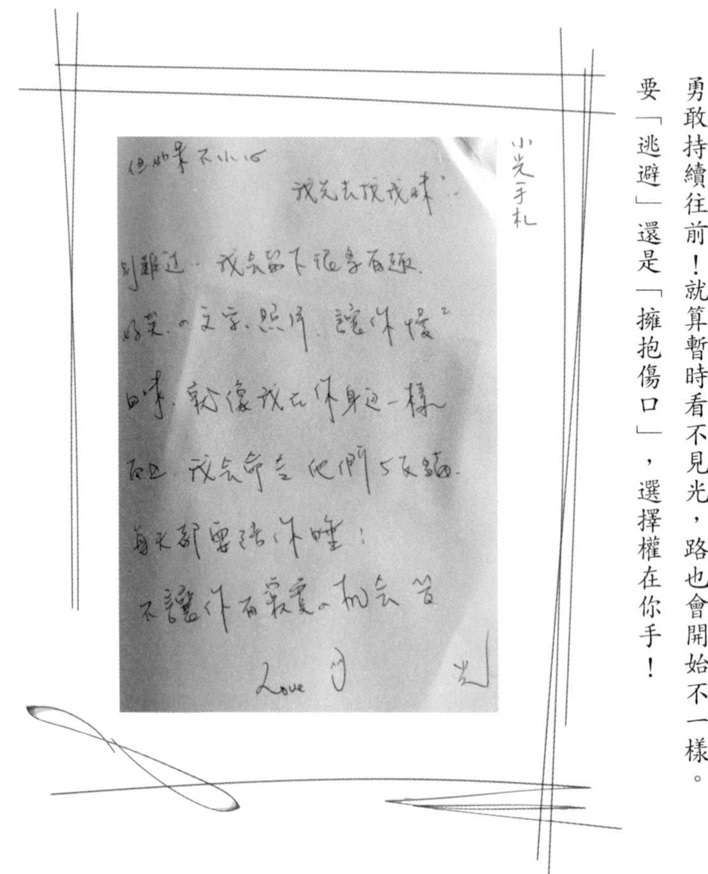

但如果不小心
我先去找我妹了..
別難過，我會留下很多有趣、
好笑的文字、照片，讓你慢慢
時，就像我在你身邊一樣
所以我會命令他們5隻貓
每天都要陪你喔！
不讓你有寂寞的機會 笑
Love 光

小光手札

獻給你的禮悟：

勇敢持續往前！就算暫時看不見光，路也會開始不一樣。

要「逃避」還是「擁抱傷口」，選擇權在你手！

04「勇敢」不是沒有恐懼，而是戰勝恐懼

「恐懼」的逆襲四：

「恐懼」讓你的心疲憊不已嗎？

你感覺自己的世界危機四伏，而且你會一次又一次地不斷預演，如果可怕的事情真的發生，該如何應對嗎？

一個人的晚上，我用力按下了DVD的「play」按鍵，畫面裡的我們正在抹眼淚。

「小光，我們一起給媽媽磕頭。」影片裡的我這麼說，那是我們七年前在寒舍艾美酒店舉辦的婚禮，臺下是我們的好朋友，臺上是我最愛的媽媽。

「小全、小光，媽媽祝福你們幸福快樂。」媽媽在臺上說，還為我們帶來她精挑細

選的項鍊。

那場幸福的婚禮，最後走過的那一關，我真的以為，我們接下來的路，再也不會有過不去的關卡了。

這是一張我後來反覆練習「勇敢」的婚禮DVD，每一次當我按下play鍵的時候，都像在執行一次槍決。每一次，我都覺得自己將無法負荷，然後每一次，都又那麼真實地活了下來。

在小光發生溺水事件的三個月後，好朋友拉我去看電影散心，那天看的片子是《金牌特務II》，裡面一場看似平常的溺水戲，卻差點讓我在電影院裡窒息。那只是一個開始，後來我發現任何有關醫院、海邊的場景，或是跟生離死別有關的戲碼，都一次次地在訓練我克制胃食道逆流的能力。

我發現自己不只「悲傷」，更可怕的是「恐懼」。「悲傷」必須隨著時間慢慢調理，可是消除「恐懼」卻需要更積極的練習。

如果，遺忘是不可能的，那讓我們練習更勇敢地「面對」，而不是「逃避」。因為「逃避」並不會讓恐懼消失，反而會讓恐懼的黑影，繼續籠罩我們一輩子。

因巨大悲傷所引起的恐懼，發作的時間經常「無法預期」，也許在一個晴朗的下午，也許在一個喧譁的聚會裡，沒有前兆與預警，也只要一個類似的經驗或場景，瞬間就會讓人無法呼吸、瀕臨滅頂。

所以我們才更需要面對恐懼的練習。**消除恐懼就像「健身」，剛開始一定會痛不欲生，全身酸痛，但是在逐次的鍛鍊之後，當痛到無法再痛，「勇敢」的肌肉就會開始長出來。**就像勤於運動的人，會擁有比較好的反應和抵抗力，每一次當恐懼又突然來襲，我們也會因為平日「勇敢」的練習而不再倉皇失措，造成更大的傷害。

我後來更積極地練習，開始陸續踏上練習勇敢的旅程：我們的第一個家、我們的第二個家、我們最常去吃飯的餐廳，許多那些我們的最常、最愛與最特別的地方，我都努力地去了，每一次都那麼心慌、捨不得還有混亂……最近的一次是我又回到我們最愛去騎腳踏車的河濱公園，真好當時旁邊都沒有人，所以我可以在風裡放聲大哭，不知道過了多久，哭到我的頭都痛了，可是我的心卻越來越安靜，然後在那個安靜裡，終於清澈地看見了我們從前的樣子。

光，我還是很想你，想念我們曾經擁有過的那些美好。我沒有逃避，更不想遺忘，我會用更勇敢的方式鍛鍊自己。每當我又在某個特別的日子，「一個人」又回到那些地方，即便最後我還是又「一個人」地大哭了，我知道我正在流著的，也還是我們「兩個人」的眼淚。

而我也真的越來越好了，我終於丟掉了安眠藥，不再需要精神科醫師的治療，開始運動，甚至偶爾也可以好好睡一覺了。

我們無法預期生命的下一秒將會發生什麼，我們也無法改變命運，但我們能做的是改變自己在命運面前的姿態。人生總是會有新的挑戰在等著我們，而我們唯一能夠準備好，而且最好的武器，就是「勇敢」。

沒有人是天生的勇者，最勇敢的人，也一定有他的軟弱和恐懼。而他們之所以能成為勇者，並不是因為他們沒有恐懼，而是他們知道自己最後一定可以戰勝恐懼；而他們的堅定，也不是與生俱來，而是他們從來未曾停止，戰勝恐懼的練習。

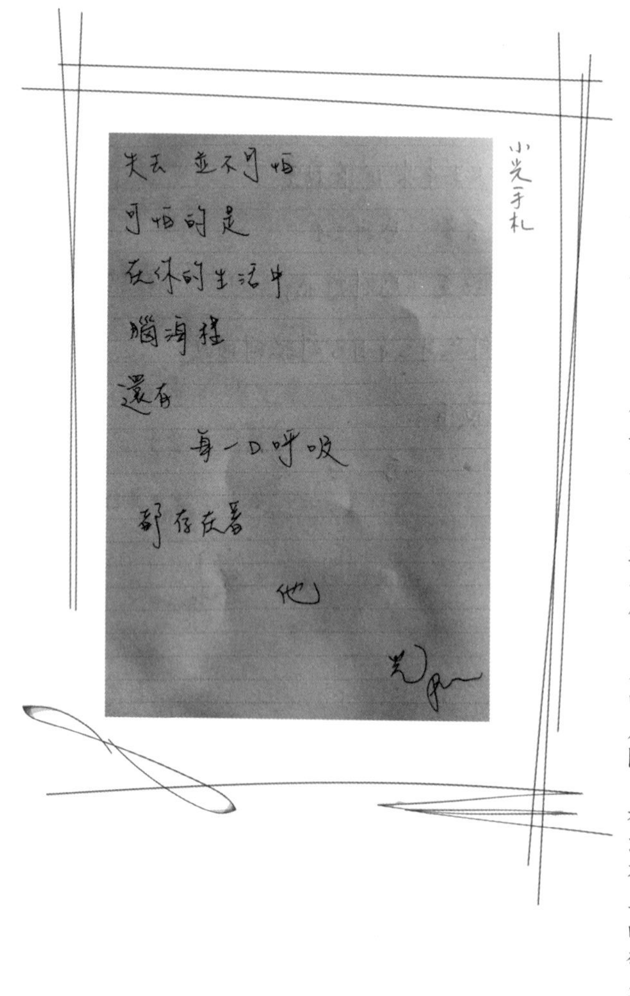
失去 並不可怕
可怕的是
在你的生活中
腦海裡
還有
每一口呼吸
都存在著
他

小光手札

獻給你的禮悟：

勇敢地練習自我覺察的能力，揭開恐懼的幻術真相！發現你是因為想要安全而想像出那些危險，而這個世界大多數想像出來的危險，都沒有真的發生！

05 讓自己先成為自己會喜歡的人，你才會真的勇敢

「恐懼」的逆襲五：

你是否感覺跟世界脫節，沒有人懂你，然後放棄解釋反而容易得多？

二〇一八年十一月二十四日，當反對同性婚姻與同志教育之「愛家公投」三案取得六百多萬同意票，大勝平權陣營的三百多萬票的那一天，我聽說有十幾個孩子因為受不了這樣的結果而自殺。

我懂他們的感覺。因為我在二十歲之前，也曾經因為自己的同志身分而自殺過六次。

你很難說服當時的我，告訴我只要不說出來、不去面對，日子還不是一樣在過。

因為如果你是我，如果你是那些孩子，如果你明明跟一般人一樣努力，甚至對自己有更

高的「誠實」要求，那為什麼你必須為了活下去而一直說謊？為什麼你一出生就必須比大家矮一截？為什麼你連喜歡一個人，一份你願意為他付出一切的高貴的愛，都會變成骯髒跟變態的代名詞?!

我的第一次自殺，發生在我專三，那是我的初戀，我愛上的是我的國中同學。在那個青澀的年紀裡，「喜歡」是最純粹、也最難忘的回憶。後來我去念專科，我沒有忘記過他，我還記得那是我專三的聖誕節，我去他家找他，我們像以往天南地北地聊，不知道是想念壯大了我，還是我們真的都已經長大，我們終於在那個夜裡發生了關係。聖誕夜，那天晚上不管許什麼願，都有可能發生，對不對？我的願望很大、也很渺小，我以為這就是我們勇敢的開始了。

我還記得那是第二天的早晨，從窗戶直射進來的陽光刺得我睜不開眼睛，他的身體背對著我，像一場夢的輪廓，他冷冷地說：「你走吧！我已經有女朋友了。」

我不是馬上去自殺的，我是辛苦蒐集了半年的安眠藥，才終於走到新店的那個小公園——那是一個死意甚堅的十八歲少年，不想再窒息地、偽裝地活著。那是他為那份感情要做的最後一件事情。

在吞下所有的安眠藥之後，他開始覺得安心，在那個好像沒有星星沒有月亮的夜晚……他完全想不起來那些，是因為他的心底沒有一點光，他在那個沒有人知道的公園裡，還來不及掉眼淚就沉沉睡去，還來不及真的愛，就要死去……

當我醒來已經是第二天的晚上，像個流浪漢般地在那個公園的躺椅上昏睡了一天一夜，我睜開眼睛，公園裡依然有小孩的嬉鬧聲，彷彿一切都沒有發生，於是我起身，讓自己從那個夢境醒來。

我很難喜歡自己，在那個「同志」就跟「黨外異議人士」一樣隱晦跟不見容於世的年代，許多人選擇在異性戀的世界裡噤聲地活著。我可以對一個人死心，但我不想對世界死心，如果要我對這個世界不再懷抱任何想望，那我唯一的方法，就是毀滅自己。

我接下來嘗試過的自殺方式有許多：割腕、開瓦斯跟再次使用安眠藥，沒有人知道我為什麼要自殺？那個我連在遺書裡都不敢提的理由。我就是因為羞恥而死，為什麼在死後，還要再讓為我傷心的人羞恥一次?!

一個在當時一直困擾著那個少年的疑問：究竟是完成一場平凡的愛情夢想，還是活著而別奢望這個夢想，哪一種會比較艱難呢？我從來都不知該問誰？也從來都沒有得到過真正的答案。

我同志身分的第一次曝光是在我當兵的時候。那是我愛上的第三個男生，我們的愛很短、但很勇敢，我們在部隊相遇，談了差不多三個月的戀愛。他在放假的時候，因為家人要幫他訂婚約，於是他跟家人坦承自己的性取向還有跟我的關係。

他的父親是退休將領，一通電話就到了我服役的部隊，然後我就被送進了禁閉室。

而我所謂的第一次曝光，是指對我的母親。我還記得那個晚上，她來部隊看我，一個單親的女人（我父親在前一年過世了），在戒備森嚴的威權高牆裡，一點都沒有懼怕，甚至，一點都不覺得羞恥。我被關在隔壁房間裡，隔著牆聽見一個母親捍衛兒子權益的怒吼：「你們憑什麼把他關起來？他犯了什麼罪？憑什麼因為一通電話就定他的罪？」

那是我這輩子第一次，突然腳軟癱在地上，哭得再也站不起來。親愛的媽媽，謝謝妳在那一刻沒有覺得羞恥，沒有覺得擁有這樣一個兒子是罪惡，讓我明白在這個世界還有一個願意支持我的人，那麼就算我在那一刻死去，我也覺得可以。

部隊要我認罪，他們說只要我承認自己是同性戀，就可以讓我馬上退役，我當時一心一意只想離開禁閉室，於是我簽名。

我還記得當時一個營裡面的長官來看我，我很感謝他，是他通知了我的母親。他在部隊很照顧我，我是排長，算是他的部屬，可是他對我沒有架子，我們晚上經常在他的寢室聊天喝酒。那天他到禁閉室來，交給我一封信，要我打開，而且念給他聽，我不懂，那明明是他寫的信，為什麼還要我念一次，才念幾句我就明白了，原來那是一封情書，裡面寫的是他終於對我說出口的愛。

好戲劇化，對不對？因為我們總是過度壓抑，然後才會又那麼用力地勇敢了。因為我們總是那麼渴望平凡，可是為什麼我們那麼卑微的平凡，說出來又那麼驚世駭俗呢？

我沒有回應什麼，那不是我的選項，我的愛幻滅就是幻滅了，沒有退而求其次。如果愛可以那麼容易改變，那我們的人生也不會那麼辛苦。

部隊沒有真的讓我退伍，他們在我簽名後，將我送到一個偏遠的小單位當文書。那個單位的營長，不知道為什麼那麼討厭同志，每日照三餐在部隊面前羞辱我。他對我最常用的稱謂是「死同性戀」。那是我最後一次自殺，我在休假的時候去西藥房買了一瓶據說只要一滴就可以殺死老鼠的老鼠藥，我吞了半瓶，結果被送去洗胃又救回來……

這次，我被送去看精神科。我對精神科醫師說，如果你不讓我留下來，我一定會繼續自殺。我寧可被關在精神病院，也不要再回去被羞辱。他們讓我留下來，因為他們知道我一定會繼續自殺，而在部隊出人命是很麻煩的事情。接下來那半年，我就在精神病院渡過，我沒有過得比較好，直到我把役期服滿才離開。

家境並不算好的我，從來沒把出國念書當成是自己人生的選項，退伍後我沒有臉留在臺灣，想離開臺灣去美國念書，我終生感謝我的母親，因為她毫不考慮就賣掉了僅有的一間房子，讓我出國念書。

一開始被我定義成「離開」的留學之旅，後來成為我生命的一個轉捩點。在那個氣象一新的環境裡，我不但經常想起從前，我更開始敢做未來的夢。

我在兩年的苦讀歲月中，最大的學會是「尊重」自己，尊重自己是一個獨一無二的個體，這世界的每個人都有他獨特的價值跟潛能。沒有人應該被漠視，更沒有人有權利去定義別人的價值。

你的價值應該由你自己定義。勇敢地去思考，你要做一個什麼樣的人，才會快樂？你要完成什麼樣的人生，才會真的沒有白來這一遭？

「勇敢地」去思考，是的，勇敢並不容易，**要讓自己開始勇敢的方法是：你必需先「喜歡自己」。「喜歡自己」就是「接受自己的過去」，因為錯的不是你，而是這個偏見的環境；因為你沒有說謊，而是這個環境不願意面對真實。**

這一生，你只要符合自己的期許就可以，別被旁人的眼光阻礙，因為那都是別人的標準，只有你才真的必需為自己的人生負責；因為別人的標準，也可能只是出於誤解，將會在日後改變。

你的未來決定於，你有沒有勇氣去正視你的過去？接受所有你與生俱來的一切，就是這些造就了獨一無二的你。接受誠實和愛，是人類最高貴的情操，而且沒有對錯。

去美國念書的前夕，我跑去部隊找那位很照顧我的長官，我只是想當面謝謝他，謝謝他曾經對我的照顧，尤其是他通知了我的母親。我還記得他當時詫異地看著我，然後突然對我說：「我快結婚了！」我沒有什麼太特別的感覺，如果有那也許是孤單，因為在那個年代裡，他是我所認識的人中，唯幾對愛勇敢的人；他曾經浮出水面，又默默地沉沒了……

我不知道那些人後來怎麼了。可是我知道我越來越勇敢，因為我一直走在那條喜歡自己的路上，而且真的越來越喜歡自己。

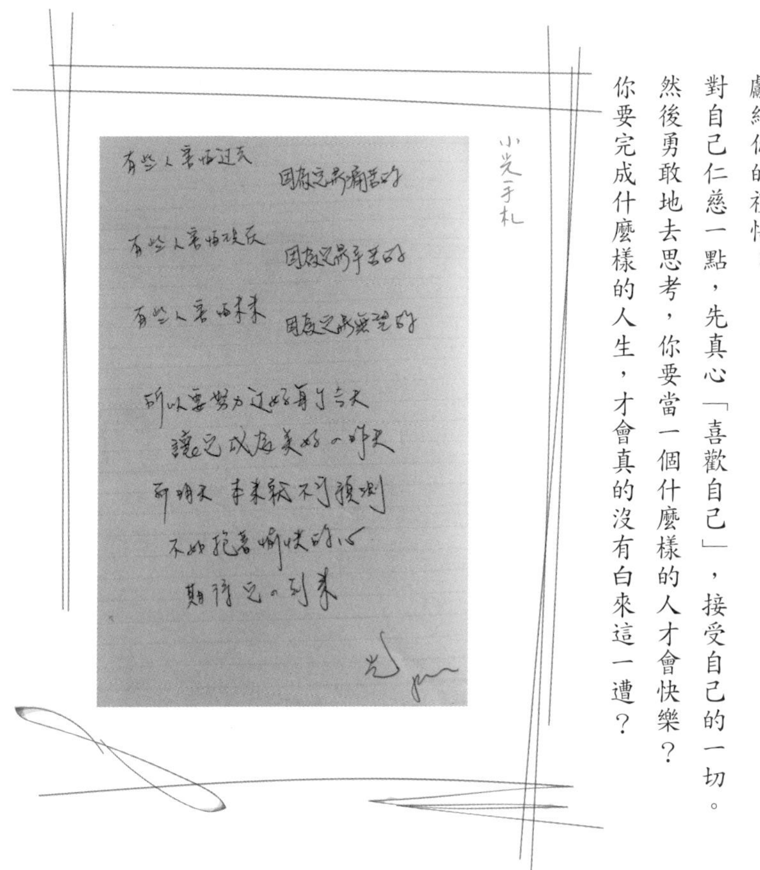
小光手札

有些人害怕過去　因為它是痛苦的

有些人害怕現在　因為它是辛苦的

有些人害怕未來　因為它是無望的

所以要努力過好每一天
讓它成為美好的昨天
而明天　未來就不可預測
不如抱著愉快的心
期待它的到來

光

獻給你的禮悟：

對自己仁慈一點，先真心「喜歡自己」，接受自己的一切。

然後勇敢地去思考，你要當一個什麼樣的人才會快樂？

你要完成什麼樣的人生，才會真的沒有白來這一遭？

06 可以難過，但「難」完了要「過」

「恐懼」的逆襲六：

你很害怕，你最害怕的，是害怕自己可能再也撐不過這一關了。

待在精神病院的那六個月是我生命中很難得的經驗——是的，我曾經被關在精神病院，長達了六個月的時間。

在那個被鐵門管制進出的樓層裡，我的「同學」很多，有躁鬱症、憂鬱症、強迫症、思覺失調症等患者，我們雖然各自服用不一樣的藥物，卻被集體放養在同一個空間，就像一群羊，在各自的人生裡做著自己的夢。沒有前因後果，這一秒平靜也可能在下一秒就大發作，然後突然變成狼；有人發狂地撞牆搥牆、有人蹲在角落哀號地哭，也有人在那樣詭譎的氛圍裡，還可以安靜又規律地一直開開關關著水龍頭，一天好幾百次。

我有時候會覺得自己很正常，有時候會懷疑自己是不是瀕臨瘋狂。我知道自己在精神病院，但我覺得自己更像在地獄。我每天繃緊神經，提防身邊會有突如其來的攻擊或情緒爆發……但即便如此我還是經常被打，最常打我的那個人，他在白天跟我還滿要好的，但是他會在半夜躁鬱症發作的時候，跑過來揍我，好幾次我是在睡夢中痛醒，可是第二天他竟然什麼都不記得了。

我不怪他，每個來這裡的人都有一個傷心的故事，都一定有一個生命的難關。

整個醫院，唯一沒把我當精神病看的人是我的心理輔導師，她是一個女生，她沒說但我知道，她從來不認為「同性戀」是一種病。在那個同性戀還沒有「除罪化」的年代，她是我的明燈，我的恩人。

她鼓勵我開口，把我想說的話說出來，聽完我的陳述之後，她最常給我的回應是：「那你覺得呢？」，她從來不會預設立場，也不會給我答案，她要我從自己的內心找解答——

她的方式，就像抛出一條從天而降的繩索，要我靠自己的力量，爬出我生命的黑洞。而她就是那個洞口的光，她讓我相信自己是正常的，是可以像一般人那樣去爭取、去實現自己的夢想。在那六個月，每週兩次的心理治療課程裡，她不但讓我找回自己，找到重新面對人生的勇氣，她還提供我專業的性向測驗與分析，讓我不只敢再逐夢，更知道在我接下來的人生裡，「廣告」業可以是一個具體追求的座標。

我永遠不會忘記，她對我影響最深的那句話：「只要活著，就有希望！」在我企圖死了六次都沒有成功之後，這句話更讓我刻骨銘心。在我一路從軍官禁閉室到那個受盡羞辱的小單位，最後到了精神病院，我以為自己走入的是一個絕境……結果我竟然是在這裡得到了重生的勇氣跟重新面對人生的智慧。我在多年後回頭，對這句話有更深的感觸與認同：

真的！只要活著，就有希望。

人生有時候會很難，眼前的關不好過。**不要壓抑你的情緒，不必假裝你很勇敢，「難過」是真誠的表現，是付出後的紀念，「難過」是你人生最踏實的證明。所以你當然可以「難**

過」，只是「難」完了要「過」。

別一直執著在那個「難」，別強化對難的想像，讓「難上加難」。而所謂的「過」，就是先努力往前走。**覺得很難的時候，讓我們先努力往前走，也許是後來會遇上的某個人，也許是過程中新的啟發，很多在當時很難的問題，後來都會有答案；很多在當時很辛苦的關，後來都會成為你生命裡最特別的轉折跟契機。**

直到現在我還是偶爾會想起當時在精神病院裡的「同學」，他們都是把自己留在那個「難」裡的人，我希望他們後來都能走過。而我又是何其幸運地可以走過那一段，於是後來才能再揮灑了那些我想要的人生。於是我告訴自己，將來我也要做一個引光的人，就像當年在洞口為我引光的那位心理輔導師一樣。

那就是我現在正在做的事。

那就是我在走出生命的地獄之後，最想跟你分享的故事。

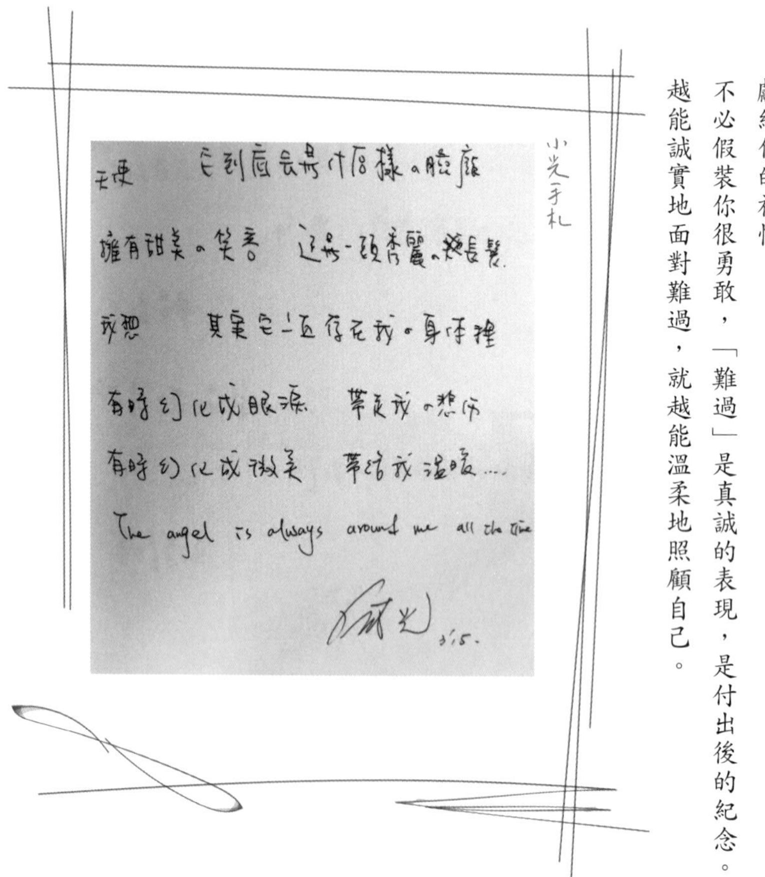

小光手札

天使　它到底会是什么样の脸庞

擁有甜美の笑容　还是一頭秀麗の烏長髮

我想　其實它一直存在我の身体裡

有時幻化成眼淚　帶走我の悲傷

有時幻化成微笑　帶給我溫暖……

The angel is always around me all the time

3/5.

獻給你的禮悟：

不必假裝你很勇敢，「難過」是真誠的表現，是付出後的紀念。

越能誠實地面對難過，就越能溫柔地照顧自己。

上／二〇一五年跟小光去關島第一次試開的小飛機；
下／二〇一七年九月八日帶著小光從西班牙經過俄羅斯，在北韓加油，終於回到臺北的醫療專機。

六隻貓咪都在等著你回到那空蕩蕩的床。

跑遍了全臺二十多間廟宇，即使抽到了上上籤最後還是幻滅了。

帶著家人與朋友們滿滿的祝福，這是我們永遠不會忘記的一天。

感恩當年為我引光的心理輔導師，而小光你現在就是我的光。

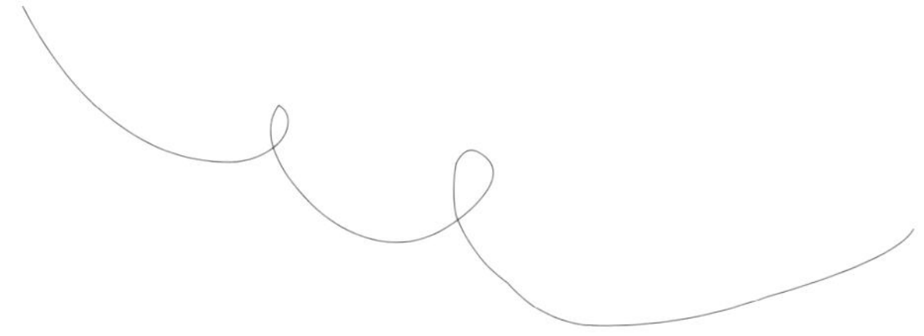

PART B

壓力的禮悟

——真正的「失敗」是沒行動，而不是行動失敗。

01 擁抱壓力，才能讓心沸騰

「壓力」的逆襲一：

你曾經因為害怕失敗，而轉身逃避嗎？

結果後來的人生，是因此變得比較開心？還是更平淡無趣呢？

我不算笨，但我從小念書幾乎都是班上的最後一名。因為爸媽從來沒給過我念書的壓力，我也沒有任何要把書念好的動機，作為班上永遠的「倒數第一名」，就像面對自己的姓氏一般自然而然，而且是一點都不覺得奇怪。

可是到美國念書不一樣，那是我自己要求的，更重要的是，媽媽賣掉了家裡的房子才籌足了學費讓我到美國念大學。我還記得當時的學費是兩年臺幣八十多萬，然後媽媽每個月還得再寄四百元美金給我，那是經濟拮据的媽媽，所能給我最多的錢了。

我在「時間」和「精神」上，給自己很大的壓力。一般人要念三年才能拿到的學位，我告訴自己一定要在兩年內拿到。所以我的課業很重，不只白天課很滿，晚上也都會在六坪大的租房裡念書念到半夜。我請求媽媽諒解，我不是偷懶，為了把書念好，為了用最快的時間拿到學位，實在無法挪出時間去打工。

我沒跟媽媽說的是，在消費水平很高的美國，就算我每餐都吃最便宜的麥當勞，每個月連房租的基本開銷——五百元美金都不見得夠。於是我每個月跟同學借一百元美金，等到下個月媽媽匯錢過來，就先還掉這個人的一百元，然後再跟另外一個同學借。

每個苦讀的深夜，我在那個窄小破舊的房間裡，裡面只有一張最便宜的充氣氣墊床跟一套書桌椅，我很少想到孤單和飢餓，我只是拚命地念書和做報告，只有這樣我才不會覺得有罪惡感，才不會覺得對不起為我賣掉房子的媽媽。

又或許是因為當時離家萬里的自己，希望再踏上故鄉的身分不是「逃離」而是「學成歸國」；更希望在國外的學習，將來能夠幫助自己出人頭地，可以讓辛苦的媽媽過好日子。

因為長時間借貸、周轉而逐漸左支右絀的我，竟然又出了車禍。那是我在那半年內發生的第三次，也是最嚴重的一次車禍。三次車禍都是別人開車來撞我，這次之所以最嚴重，是因為撞得最用力。當時下著雪，我開著一臺超級老爺車從超市停車場正要出來，一臺車就從副駕駛座的方向撞上來，把我的車子的右側撞成凹字形——在我那麼窮困的時候，真是雪上加霜，對吧?!

但「危機」經常就是「轉機」：當我在警局做完筆錄後，我接到了一位猶太籍律師的電話，我猜他們應該是有特別管道，才會第一時間就知道我這個案例。他說可以免費幫我打求償官司，只要我在勝訴後分給他賠償金的三分之一當作報酬就可以。我答應他，並且配合他去醫院做了驗傷鑑定，並做了一個月的物理治療復健，最後我勝訴，扣除給他的三分之一，我還拿到了保險公司替對方支付的七千五百美金的賠償，而且說真的，我真的傷得很輕耶！

那筆錢成了上天給我的救命錢，我用它還清了債務，而且讓我在接下來的一年裡，不必再為生活費煩惱。

赴美的兩年後，我不僅如期畢業，拿到了廣告系的學位，而且每項成績都是A，套句專用術語就是拿了「straight A」，在應屆畢業生裡拿到這個成績的只有百分之一。

為此媽媽還專程從臺灣飛來美國參加我的畢業典禮，當我上臺領獎的那一刻，我看著臺下高興的媽媽，我知道她的喜悅不是因為我的成績，因為她是一個從來都不會給小孩壓力的母親，我知道她萬水千山而來的，是想看最親愛的兒子終於又找回了自己。

那是我擁抱「壓力」的兩年，那是一個男孩從永遠的「倒數第一名」，走到前百分之一的「straight A」的兩年，那是一段現在想起來依然會熱血沸騰的時光。在千里外的異鄉，我要感謝的人很多，但我最應該要感謝的是「壓力」，謝謝它，讓我一直努力！

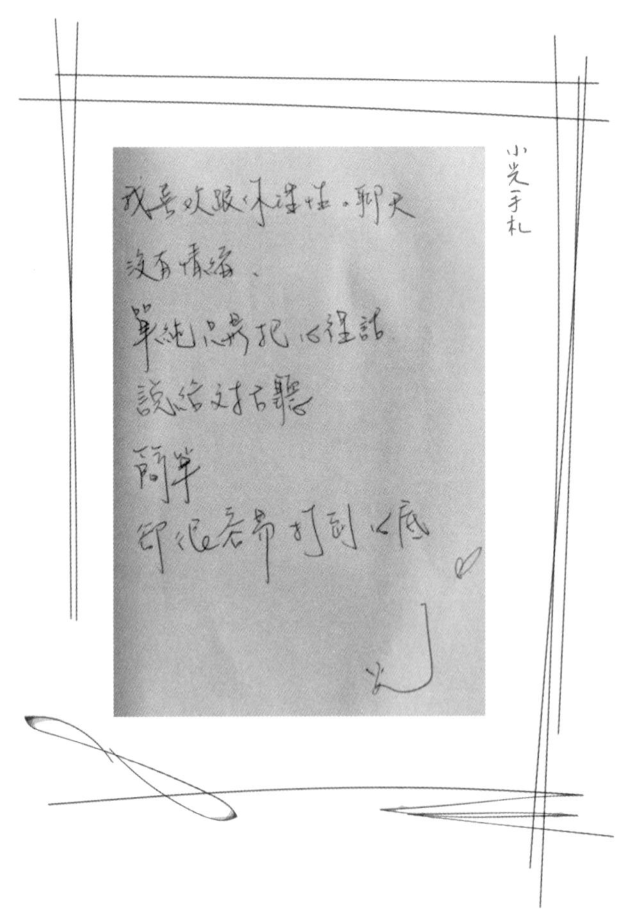
我喜歡跟禮悟。聊天
沒有情緒、
單純只要把心裡話
說給對方聽
簡單
卻很容易打到心底
光

小光手札

獻給你的禮悟：

擁抱壓力吧！它是最強的賀爾蒙，會讓你看見更美的風景。

02 不挑食才能健康，不挑工才能豐收

「壓力」的逆襲二：

面對「成功」這個題目，我們最大的壓力，是因為我們不知道自己究竟何時才會成功。

畢業後，我從美國回到臺灣，在經過五次面試之後，終於進入我最想去的廣告公司「奧美廣告」。

正當我求知若渴，想在這個高手如雲的公司裡好好學習；更想把我在國外的所學好好在實務界一展身手的時候，我發現自己在「廣告界」的開始，竟然跟原先所設想的完全不同！

我進奧美廣告後的第一個客戶是一個酒商。在那個酒類商品還不能用電視宣傳的年代，我能幫客戶規劃的就是實體活動，而我的「酒店人生」就那麼開始了……

每天早上九點，我跟其他的廣告AE一樣進公司，展開忙碌的一天，在競爭激烈的廣告業，加班是很稀鬆平常的事，到了晚上大家陸續下班，繁忙的一天終於就要畫下句點……但晚上九點以後，我的另外一個人生才正要登場！

「讓我們歡迎今天的表演節目……」舞臺上的主持人開始介紹今天的舞團，酒店的客人正酒酣耳熱，我躲在舞臺邊，穿著白天上班還來不及換下的西裝，緊盯著一件件從舞孃身上脫下來的衣服，酒店裡盯著臺上的眼睛很多，但應該只有我的目的是……

我飛快地把衣服撿回來，因為那是我這套行銷表演活動的道具，如果不見了就得重作。那樣的表演是我為了酒商特別設計給酒店的免費演出，酒店會因為這樣而多推銷我的客戶的酒。每天晚上我就帶著我找來的小舞團，做全臺的巡迴表演。活動結束後常常已經沒有車回臺北了，我只能找個小旅館過夜，天一亮我就趕回公司，因為還有別的工作要忙。我就那樣跑遍了全臺三百多間酒店！

我幫酒商客戶規劃的活動也不都是夜晚和限制級的，我也做白天而且有益身體健康的活動，譬如舉辦「高爾夫球賽」；我在豔陽下揮汗如雨，在果嶺上來回奔跑……當其他ＡＥ們都在拍著時髦、特別的廣告，而我卻只能走入基層，跟研究許多像「杯墊、冰桶、威士忌杯」這類的相關贈品；像這樣的時候，我有時也會感覺複雜，我不怕辛苦，但偶爾還是會羨慕，為什麼別的同事都可以在廣告頒獎典禮上開心慶功，而我的廣告世界卻一點都不光鮮亮麗，而是燈紅酒綠啊?!

當時的老闆，總是鼓勵我說：「小蔣，你可是幫公司賺最多錢的ＡＥ喔！」我知道，因為酒商客戶的預算最高。當時公司唯一一支的水壺型大哥大，老闆經常讓我帶著，我知道那是他對我的厚愛，但那也是必要，因為全公司只有我是白天到半夜都要工作的，方便他們找得到我。

那是我在奧美的第一年，我做了很多我沒想到「做廣告」要做的事情，到了年底，主管給我調薪百分之三十，那是非常高的幅度。

第二年我的廣告人生有了戲劇性的改變。一個原本離開奧美的超級大主管，後來又回來，總經理給他一個挑戰：公司不會給他任何客戶，他必需自己去重新發掘所有的客戶，一個一個去比稿贏回來！而且不同於其他的單位，人員配置都起碼是五個人，他只能挑一個AE一起作業。

超級大主管答應了，而他挑的那個小AE就是我。

我從沒問過他為什麼選我？也許是因為我是奧美的克難代表。但我當時沒問的原因是我真的壓力很大！我們這組就只有兩個人，我又那麼資淺，所以我幾乎包辦了所有的工作。但坦白說我很開心，因為我什麼都可以接觸到，我期許自己就像一塊科技海綿，努力吸收，也勇於創新，我不知道五六年級的朋友還記不記得我們當時為《商業週刊》設計的廣告作品「政商現形記」？那個在沙發背後露出一條狐狸尾巴的廣告，讓我們拿下當年「時報廣告金像獎」的大獎，讓我能上臺感謝一起打仗的夥伴們，也讓我終於感受到身為一個廣告人的榮光。我們這對克難雙人組，後來又幫公司帶回了八個大客戶！

雖然都是過去的事了，現在想起來還是覺得自己的眼睛在發著光，耳邊還有那種戴著鋼盔往前走的風聲，甚至心臟都還能感覺到當時的熱血沸騰……**「要怎麼收穫，先怎麼栽」的道理人人都懂，但重點是我們往往太精算耕耘的內容，太在意「付出」和「回收」之間的關聯——但誰又真的能夠精準地知道，你今日的努力，會在何時？何處？結出什麼樣的果呢？**

我經常鼓勵現在的年輕人，第一份穩定的工作一定要在大公司，並不是因為它們的福利好，而是你會在那裡看見更多厲害的人跟更廣的可能性，用同樣的時間，你會看見、學到更多，前提是，你必須不計較工作內容、分量，試著看遠一點，試著用更謙虛的心，去參與、創造更多的可能。

我從來沒有想過當時的揮汗，正在灌溉著什麼？大多數我當時所做的，那些原本不在我設想中的工作內容，也沒有即刻為我帶來什麼。但我卻真的在幾年後開始收穫——當我在三年後離開奧美，被挖角進入唱片業，我發現自己除了最被看好的「廣告行銷」經驗，竟然還具備了「舉辦實體活動」和「研發周邊商品」的能力，誰會知道，我在奧美除了操作那八個大客戶的案子，最後最特別的學會，竟然是因為我的「酒店人生」，是我在那無數個夜晚、烈陽下，最獨特的收穫！

我可以跟你們分享的成功廣告行銷案例有很多，但我想坊間實在不乏那樣的教科書，而我奧美的先進、後輩，也正在不斷改寫當時的我們所創下的歷史與紀錄。

而我最想、也一定要分享給你的，只是一個年輕人的故事，但多年後我還是願意以他為榮，那其實是一個很渺小的故事，但有著我真心想跟你分享的道理：

不挑食，才能健康；不挑工，才能豐收。

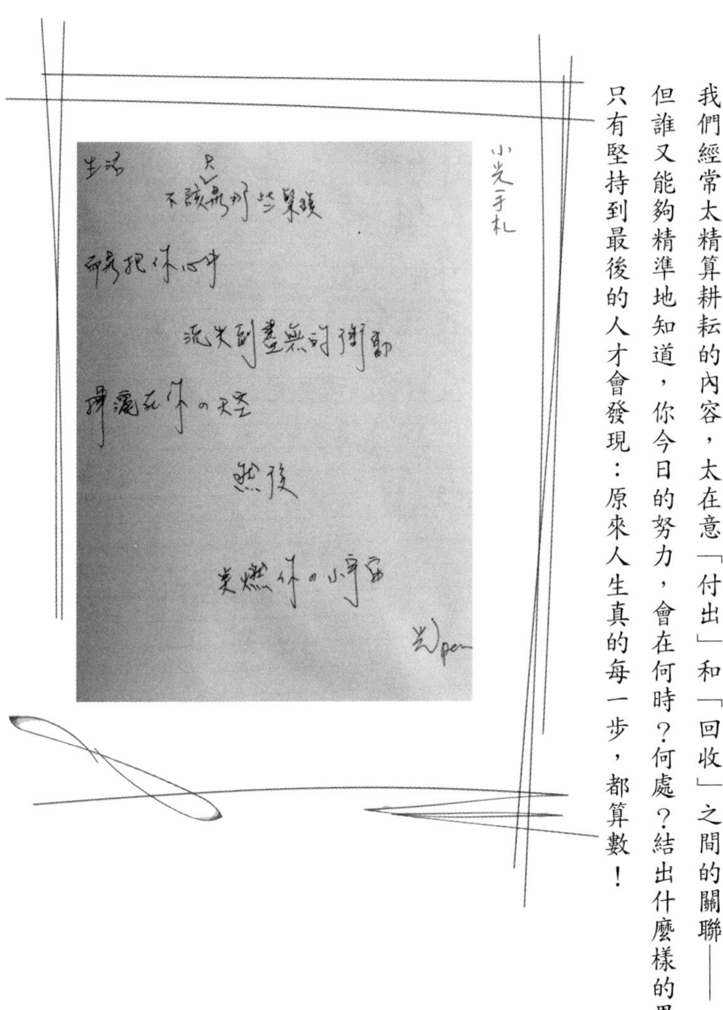

獻給你的禮悟：

我們經常太精算耕耘的內容，太在意「付出」和「回收」之間的關聯——

但誰又能夠精準地知道，你今日的努力，會在何時？何處？結出什麼樣的果呢？

只有堅持到最後的人才會發現：原來人生真的每一步，都算數！

03 去做別人沒做過的事情，創造別人沒有的機會

「壓力」的逆襲三：

我的伯樂在哪裡？為什麼總是遇見不懂得賞識我的主管呢？

「我能麻煩您一件事情嗎？」我突然回頭，走回去跟門口的總機小姐說。她抬起頭看我，我繼續說：「我可以知道剛剛面試我的那五位長官的名字嗎？我想寫感謝卡給他們。」

那是我在結束了奧美廣告的第五次輪番面試之後，抱著只許成功的壓力想到要做的事情。總機小姐真的給了我他們的名字，而我也真的寫了五張卡片寄給他們，表達我的感謝跟我想進入奧美的決心。據說，我本來是沒被錄取的，但因為這張卡片讓他們印象深刻，因為我做了別人從來沒做過的事情，所以我進入了奧美。

也許這就是我的「基因」，我喜歡嘗試新事物，我喜歡做別人沒做過的事情，然後在鼓勵創新的奧美裡，又更強壯了我的身心。在進入奧美廣告三年後，我榮幸地獲得了影視大亨邱復生先生的青睞，進入了新創的唱片公司ＥＥＩ，擔任專案部的經理，合作的第一個藝人是當時的新人梁詠琪Gigi。

我馬上運用了自己的廣告資源跟經驗，在唱片圈首次嘗試，將「唱片專輯」跟「適合的商品」在包裝上做結合，達成「讓消費者雙重受惠」，又讓專輯概念「更有話題性」的雙重效果。當時在臺灣一炮而紅的Gigi，陸續發行的幾張專輯，我針對歌曲概念結合過的商品有《洗臉》專輯的「洗面乳」、《新鮮》專輯的「美國西北櫻桃」，《愛的代價》精選集的「澳洲旅遊局」等等，都成為媒體報導的話題，也為專輯與客戶的商品帶來更好的銷售，讓大家突然發現，原來只要唱片設計定位精準，再結合異業，就可以是讓彼此更好的雙贏行銷模式。

印象很深的是Gigi在發行第一張國語專輯時，我針對創造新的「便利性」跟「消費渴望」這兩個題目，思考要如何讓這位原先在臺灣並沒有太高知名度的藝人，成功進入校園，並且更方便購買。我想到了每間學校都會有的「飲料自動販賣機」！於是我馬上跟「統一企業」談合作。把單曲卡帶放進原本是裝飲料的利樂包，這個看似單純的創意，沒有人知道這其中經歷了多少次的溝通和調整，譬如：利樂包的規格要選哪一種，才能夠把卡帶放進去？利樂包的內容物重量要做到多少，販賣機的運作才會順暢？……諸如此類的細節，都必須注意，因為只要任何一個環節出問題，都會造成客訴，影響到品牌的形象。

終於，Gigi的〈短髮〉單曲卡帶「利樂包版」，在全臺校園近千臺的自動販賣機上市了！推廣價十元，限量版兩萬張，就在一天內銷售一空！讓梁詠琪Gigi這個名字，成功地蔚為校園話題。

不僅如此，我們在梁詠琪發片前運用「逆向操作手法」的前導廣告片（在廣告中說梁詠琪這個香港新人不會唱，在香港又不紅的逆向操作），除了讓Gigi迅速在臺灣打開知名度，那支廣告影片更得到了當年「時報廣告金像獎」的年度最大獎。

除了奧美的栽培，我尤其感謝的是邱復生先生跟葛福鴻女士給我的空間，他們從來不會阻止我去做「別人沒做過的事情」。後來，在他的拔擢下，我成為年代整合行銷公司的總經理，我們做的行銷品項很多，從電影、演唱會、寫真書、線上遊戲到網路會員，就在那幾年，我跟著團隊夥伴們，一起成功地打贏多場漂亮的戰役：

像是「天心寫真集」的第一場藝人寫真書簽名會，人潮從紅樓一路塞滿到現在的西門誠品，用「萬人空巷」形容也不為過，最後寫真書銷售創下佳績，也成為當時出版界的熱門話題。

在還沒有像小巨蛋這樣專業表演場地的時代，葛女士大手筆在南港租地蓋了超級大帳篷，讓我們舉辦了羅比威廉斯、伍佰等藝人，叫好又叫座的演唱會，圓滿了那個時代歌迷的演唱會夢。

後來我們更引進了「迪士尼冰上世界」的表演，面對著國外藝人或商品很難提前來宣傳的限制，我們開啓了邀請臺灣藝人來宣傳的行銷手法，針對這個強調闔家共賞的商品，我替幾位家庭形象很好的藝人，量身設計宣傳模組，提前為表演宣傳造勢，最後賣出了演出長達一個多月的好票房；同樣的模式，我更延伸到《驚聲尖笑》這部電影的行銷，我邀請了當時最紅的搞怪偶像ＡＳＯＳ擔任宣傳代言，結果票房也開出紅盤！像這種國外的商品，開始以國內接地氣的藝人來宣傳的模式，在今日看起來也許頗為常見，但在當時應該算是先驅。

邱復生先生、葛福鴻小姐，這兩位我人生的貴人，其娛樂業版圖涵蓋面越廣，提供給我的舞臺跟玩法就越多……後來我還將電玩遊戲的畫面跟蔡依林的〈看我七十二變〉ＭＶ畫面結合，不但相得益彰，更可以一起聯手行銷，達到一起熱賣的連動效果。

曾經在全亞洲造成超級旋風的Ｆ４熱潮，我也有幸躬逢其盛，為他們製作了專屬會員收費網站，量身打造會員專屬的獨家影音內容，並且舉辦了會員見面會等，在當時也都創下了傲人的銷售數字。

跟各位分享這些，並不是要告訴各位我們的團隊有多厲害，事實上它們之所以會成功，最大的原因是因為它們都是非常優秀的作品，當這些好東西到了行銷人的手上，在競爭激烈的環境裡，我們該如何讓消費者很快地感受到它們的不同，最快的方法就是「去做別人沒做過的事」。

要刻意跟別人不同，並不困難，但要做到成功引起注意的「不一樣」，就需要一些訣竅。我認為要做到「不一樣」最重要的三件事情是：研究、了解和合作。「研究」是你必須先研究清楚市場上的現況，才能推陳出新。「了解」是你必需清楚自己商品的獨特強項跟消費者真正需要的是什麼。「合作」是壯大自己最好的方式，就是去找一個跟你一樣強，甚至比你更強的夥伴來一起合作。

其實人生也是這樣，「你」就是你一生最重要的產品。你當然必需很「努力」，因為只有「努力」才有可能具備「實力」。可是你要怎麼讓別人注意到你，進而看見你的實力，然後給你那個很關鍵的機會？

我們都希望遇見伯樂，遇見我們生命中的貴人，但其實你才是你自己最重要的貴人，是

你先做了別人沒做過的事，給了自己不一樣的機會，然後，別人才有機會看見你，接著給你那個不一樣的機會。

想讓自己有一個不一樣的開始嗎？想讓你的商品，有一個不一樣的後來嗎？開始試試看吧！去做別人沒做過的事情，創造別人沒有的機會。

獻給你的禮悟：

誰是你的伯樂？其實是你自己。是你先做了別人沒做過的事，然後，別人才有機會看見你，接著給你那個最關鍵的機會。

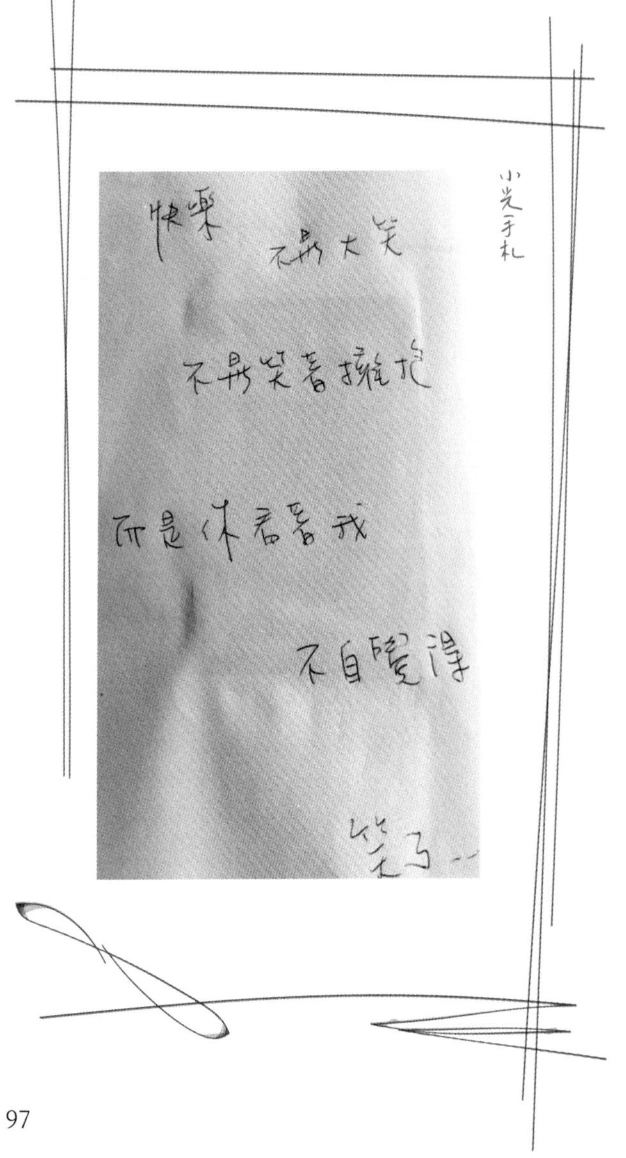

04 形塑獨特定位，成功自動導航

「壓力」的逆襲四：

為什麼我都已經那麼努力了，卻還是無法成功呢？

感謝當時在精神病院的心理師曾經為我做過的深度心理測驗，那份長達數百題的精密問卷，讓我更清楚自己對於「行銷」這件事情的熱情。現在的網路資源非常豐富，我非常鼓勵年輕人去做這樣的自我探索。

找到你的人生「信念」，絕對是你在一開始最重要的事情。

因為努力是需要「信念」的——你努力是為了什麼？你跌倒了又爬起來是為了什麼？你的信念就是你「為何而戰」，你必需先知道自己是「為何而戰」，你所有的堅持才會有它的意義，你的堅持才會有它繼續下去的理由。

你的「信念」就是你最強大的武器。Apple一開始就定義要「改變」現況，改變整個手機產業鏈，讓手機不再只是手機，其「不同凡想」（think different）的定位，就是它的「信念」，於是它徹底擊敗了當時只是不斷強調外型及功能的Motorola、Ericsson；美國的Costco跟Walmart都一樣強調便宜，但是Costco多了一個「信念」就是「高品質」，「給你最優惠的高品質」就成為它打敗只是訴求便宜的Walmart最強大的武器。

「信念」就是你在市場上的「定位」。不只適用在品牌，也適用在人，每個人都是一個品牌，當你的「信念」越清楚，「定位」就越清楚，你就越有機會走出一條屬於你自己的路。

我在經紀藝人時思考的角度也是如此。就以我經紀合作過的三位藝人蔡依林、羅志祥、楊丞琳來說，他們都是很有天分、又極努力的藝人，他們把最黃金的年華交給我，並且相信我可以跟他們一起再創事業高峰，我真的是用戒慎恐懼的心情與壓力來承擔他們的交付。我思考的重點，就是他們在每個階段的「獨特信念」是什麼？當我想清楚了，那就是我們要一起努力的目標。

於是我們看見了Jolin一步一腳印地成為「地才」，到後來又蛻變成自信自在的金曲女歌手；看見丞琳從「可愛教主」，又進化成金鐘女主角；看見羅志祥登上「亞洲舞王」寶座後，又拿下了金鐘獎最佳主持人獎。他們的特色各有不同，但是都同樣做到了，在每個階段讓大家看見了他們的與眾不同，那是他們的「信念」，也是他們在市場上的「定位」。

很多人每天都在想，要如何找到差異化，去說服大家自己（或商品）的與眾不同，但**如果你一開始就把你的「信念」訂得很清楚，你就不用再花時間去做說服這件事情。**因為最吸引人的並不是你「做了什麼」（說服）？而是你「為什麼而做」（信念）？「做了什麼」（說服）只是一個單一事件，而且後來永遠都會有人可以做得比你更好；「為什麼而做」（信念）卻是一種情操，而且會在每個接收者心中又演繹成更動人的故事。

成功並不在於「攀爬的高度」，而在於「克服的阻礙」，這三位藝人之所以會被市場肯定與認同，就是他們堅持了自己的「信念」，並且克服了過程中的重重阻礙，他們當然不是世界最好，但他們還在前進，朝著自己的「信念」前進，那就是他們最迷人的地方，那就是每一個成功的品牌，最迷人的地方。

展現你的「信念」給你自己跟消費者，短期的促銷只能創造短暫的業績，只有品牌的信念與理想才能培養出真正忠誠的消費者，他們會買單你所相信的不同，因為他們尊敬你的堅持，而且相信自己值得擁有這樣一個有信念的品牌。

環境變化得很快，人生的路徑更是永遠計劃趕不上變化，不要在象牙塔裡苦思，別浪費時間去猜測，在做的機會及過程中，發現什麼能發光發熱。然後掌控機運、彈性調整作法，是過程中的必須。

但請記得先找到你的信念，先形塑好你的獨特定位，那才是每一個走到成功的事業或商品，最重要的起點。

獻給你的禮悟：

你有信念嗎？找到它，並且堅持下去！那才是你的幸福人生，最重要的起點。

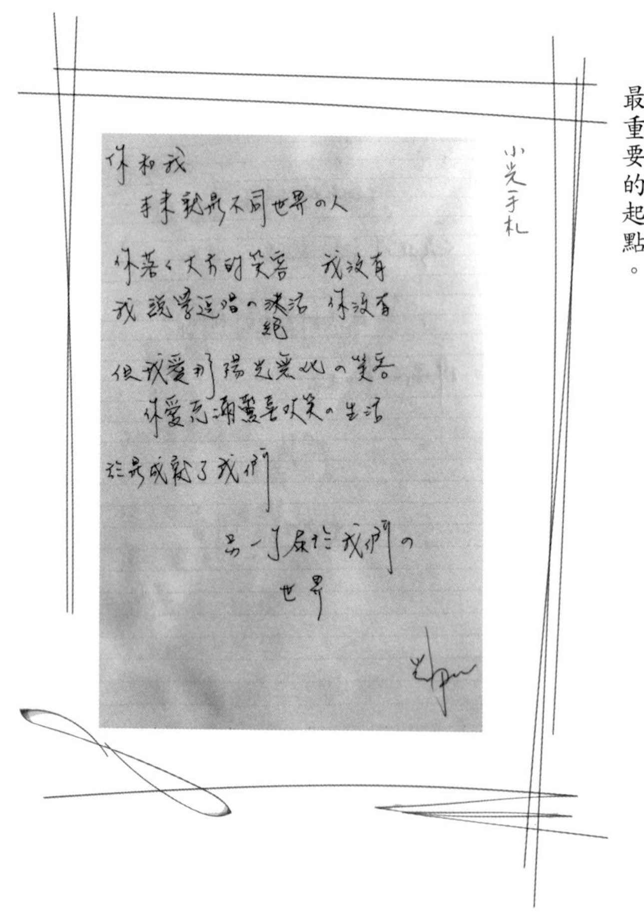

小光手札

你和我
本來就是不同世界の人

你落落大方的笑容　我沒有
我說學逗唱の絕活　你沒有

但我愛那陽光無比の笑容
你愛充滿驚喜歡笑の生活

於是成就了我們

另一個屬於我們の
世界

05 勇於正面對決，「危機」會變「轉機」

「壓力」的逆襲五：

競賽的壓力真的很大！尤其是在輸的那一刻，總是要花上很久的時間才能再站起來。然而，這又是一個充滿比賽的世界，我們要怎麼樣才能擺脫競賽的「壓力」魔咒呢？

娛樂圈最弔詭的地方就是，可以因為一個事件，就讓辛苦經營多年的成果，毀於一旦。尤其是在「狗仔文化」進入臺灣後，更是讓藝人與經紀人動輒得咎。只要一則捕風捉影的報導，就可以讓經紀人疲於奔命。

我一直知道，「逃避」解決不了問題，只要同理心地找到每件事情的洞見：了解對象

（媒體、觀眾、合作客戶等等）真的要的是什麼？並且勇於面對它，就能將「危機」變成「轉機」。

十多年前陳冠希與女星的「親密照」網路外洩事件，是我的經紀人生涯裡，印象很深的一課。當時媒體不僅捕風捉影，所有曾經跟陳冠希傳過緋聞的女明星都中槍，甚至還有媒體加油添醋、繪聲繪影地說蔡依林也是其中之一，而且還即將公開她的私密照。

我壓力大到出現短暫的圓頂禿，我不想隨媒體起舞，但我知道我必須面對，而且要用最快的速度解決，才能降低謠言的傷害以及安撫眾多廣告客戶。我馬上約Jolin見面，她跟我保證絕對沒有，我相信她，因為她一直是一個誠實的女孩。於是我發出應該是臺灣演藝圈第一張「價值一億元」的聲明：只要誰能提出蔡依林的私密照，我就提供新臺幣一億元的費用。

那是一場一億元的逆襲！謝謝蘋果日報以罕見的頭版頭條新聞版面幫我們澄清，而且後來沒有人能領到那筆獎金，那些尋事生非的媒體也都瞬間閉嘴！我願意用一億元證明一位天后的清白，因為她的信用無價！很快地，蕭亞軒的經紀公司也跟進了這樣的作法，迅速平息了這場風波。

不要逃避，逃避不會讓問題消失，甚至會讓問題長出更大的影子。真正讓人恐懼的，經常也不是問題本身，而是那個虛張聲勢的巨大身影，而你只要願意勇敢地跟問題對決，就會發現那個影子根本不堪一擊！

而對決的方式，不一定得分出高下，也可以去思考，如何創造雙贏。

這是一件我其實考慮了很久才又重提的往事，因為牽涉其中的人，都是好人，也都是朋友。

那是當時同時發片的羅志祥和王力宏。在發行第一週的銷售排行榜分屬第一名跟第二名，於是索尼音樂開記者會對媒體發出聲明，說發行羅志祥專輯的唱片公司買榜。

身為羅志祥的經紀人，再加上當時唱片景氣一年不如一年 我不想打口水仗，於是我透過媒體提出邀約，請力宏的唱片公司跟小豬一起在西門町辦唱片簽名會，讓蕭條已久的音樂市場，可以在這兩位天王的攜手努力下共創佳績！結果因為門戶之見，很可惜沒能看到兩位天王攜手共創雙贏。

索尼音樂辦的記者會，力宏沒有現身，我覺得發出那個聲明一定不是他的意思，因為羅志祥跟王力宏都是很優秀的藝人，而我相信他們對音樂的夢想跟努力，也絕對不是只想贏過對方而已。

這是兩個很簡單的故事，它們簡單的原因都是因為我們沒有拖延，因為拖延只會讓問題更複雜，而我們真正要解決的問題，經常都比我們所想像的簡單。

這兩個故事裡的主人翁，都在事件結束後變得更好，不單單是因為他們最後戰勝了什麼，而是因為他們在過程中展現的勇敢和態度，為他們贏得了更多的欣賞和尊敬。更重要的是，有時**贏的定義，不是拿到冠軍，而是你有勇氣，站在競技場中。**

她說　你是個很能幹的人
他說　他很怕你
他說　他想約你在[illegible]
她說　你是最誠懇的人
她也說　你很有文采
他們說　蔣哥!謝謝你
他才說　是朋友.謝謝你了

我沒有說

因為你最懂我.

我永遠.都在你背後默默
守護你……

小光手札

獻給你的禮悟：

真正「贏」的定義，是有勇氣去面對壓力。

輸贏都已經不是重點。

一直執著在跟人一較高低後的結果，其實是在貶低自己。

06 秉持KISS原則，找到按鈕重新啟動

「壓力」的逆襲六：

要怎麼樣才不會在壓力中失常？要怎麼樣才能在競爭激烈的環境中，保持自己的最佳狀態呢？

每個行業都有讓人崩潰的壓力時刻，尤其當壓力接二連三而來，就算意志力再強，也會有突然脆弱的時候。

那陣子的突發事件很多，首先是我合作的藝人王靜瑩的家暴事件，然後是小豬的父親因病過世，壓垮我情緒的最後一根稻草是Jolin的摩托羅拉事件——身為手機代言人的她，被狗仔拍到在影城美食街拿了別的品牌的手機在看。

我除了要安撫藝人的情緒，同時又要周旋在媒體、律師和代言客戶之間，每一天都熬到半夜才能下班，身體的疲累我可以忍耐，最慘的是客戶的不諒解，甚至要對藝人提出告訴求償。

我還記得那是一個下午，我站在十字路口等紅綠燈，突然就好像靈魂出竅了，我的理智再也無法控制我的身體，竟然失心瘋地想衝出去，結束自己此刻又躁鬱又無力的人生。

好在，我還是拉住自己了！於是我才有機會在後來明白，所有的新聞都只是一天的，只有把藝人做好、產品做好，才是真正能走長遠的事情。

我們必須先看淡別人的惡意，不讓自己配合演出那齣戲，我們才有可能抽身出來，用客觀的角度來看待問題。

這些年來我訓練自己讓每件事的思考模式變成「Keep It Simple, Stupid.」也就是所謂的ＫＩＳＳ原則，翻成中文就是「讓所有的事情，回到最簡單的狀態」，就像蘋果電腦、手機會受歡迎，也是因為這個原則。

訓練自己「化繁為簡」的能力——把所有眩惑的細節撥開，每件事情都一定有一個核心的「按鈕」，你只要找到那個按鈕，就可以重新啟動整件事情，讓被細節困住的我們，可以開始真的有進度地處理這件事情。

針對當時最棘手的Jolin手機事件，最優先要被解決的問題核心「按鈕」就是客戶，於是我親自到了客戶的公司，一見到客戶就先九十度彎腰致歉，並且具體還原當時的真相：當時跟朋友一起去看電影的Jolin，是為了看朋友跟她聊天的一個畫面，於是接過了朋友的手機，要看裡面的照片，就在那一秒被狗仔偷拍了！在我極度地表達了歉意之下，終於得到了客戶的諒解。但我也因此學乖，從此在藝人的代言合約裡註明，在非公開工作場合裡，不受合約中只能使用代言商品之限制，因為狗仔文化實在太嚴重，而且隨便一張照片都可能有無數種看圖說故事的詮釋方式。

不只面對工作是如此，其實人生也是如此的。人生會迷惑你的細節跟狀況很多，我們更應該學會去蕪存菁，讓自己的人生路越走越清楚。

這是我們生命中面對壓力的必修課，當壓力發生的時候，每個人都應該去尋找可以讓你先冷靜下來的方法。甚至，在平常的生活裡，藉由一些積極的訓練，來強化自己冷靜面對的能力。

每當我壓力大到需要重置時，我就去挑戰有難度的戶外運動，印象裡最深的一次是「高空跳傘」，我在一萬英呎的高空，被教練拉著一起從飛機上跳下來，風彷彿撕裂了我的身體，撕裂了我的膽量，我很難形容那種諸多思緒從腦海中迅速飛過的感受，但我最想說的是，我竟然在幾分鐘後得到了平靜，那種看著世界那麼祥和安靜，再複雜的事情也都只是一個當下的定格，漸漸地很多事情都剝離了、不重要了，然後在落地的那一刻，突然就好像系統又被重灌，又可以重新開始了，並且更確定自己真正想要的東西。

那真是讓人著迷的經歷啊！所以忍不住就想再跟你多分享一個，有一次在馬爾地夫深潛，我跟小光在上過速成的潛水課後下水，讓教練引領著越潛越深，深到連大膽的我都覺得「真的可以了」，一個更深的大黑洞就在眼前，就在我要跟教練說不時，教練強壓著我倆的頭，就推著我們又繼續往下，我因為恐懼而開始掙扎、甚至呼吸開始紊亂，那種既複雜、又簡單的感覺，在我的腦海裡打著閃電，然後在一分鐘後，我一樣得到了平靜，而且見到了此生最特別的風景。那是我從來沒有在別處看過的景物，連想像都無法想像出來。那次的遭遇讓我明白了，生命的有趣，就在於它有無限的可能！每一次的出發，都不是為了走出什麼，而是要走去一個更好的地方。

在那個十字路口的情緒失控之後，這些年來我遇過許多更大、更複雜的問題，我從來都沒有忘記我的ＫＩＳＳ原則，而且持續地練習，在每一次的巨大壓力中，找到那個核心的「按鈕」，按下！讓自己重新reset啓動！

獻給你的禮悟：

每個人都會有情緒失控的時候，「Keep It Simple, Stupid.」——先剝除層層纏住你的所有事物，讓事情回到最簡單的狀態，然後找到你的平靜按鈕，重新啟動你的系統。

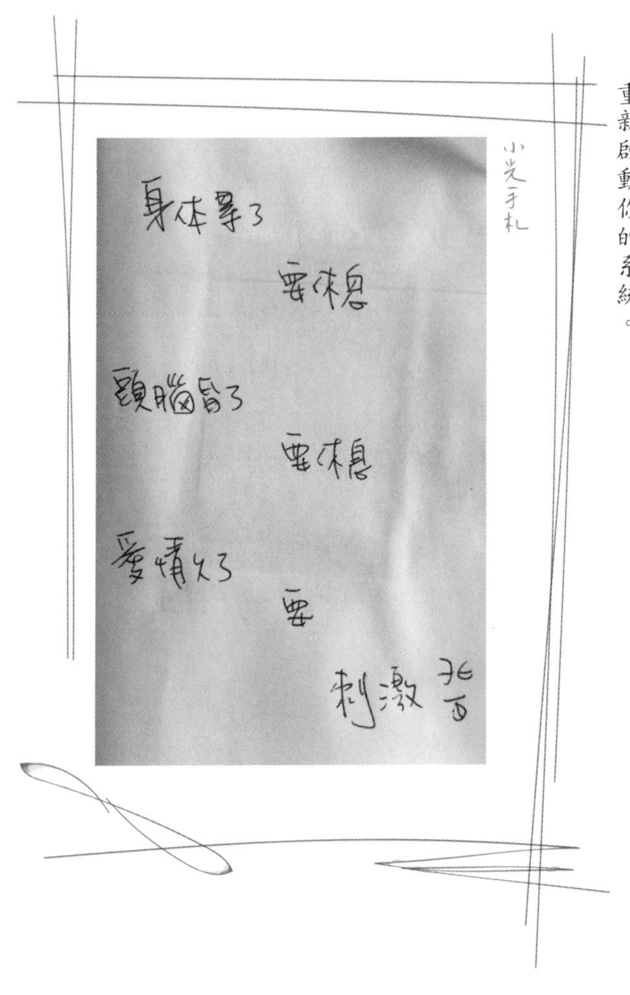

謝謝母親來參加我找回自己的畢業典禮。

留學時期一張氣墊床、一張書桌讓我心無旁騖。

已成絕響的梁詠琪〈短髮〉利樂包卡帶。

奧美的好夥伴，一起走過半個世紀。

声明书

一、 对于外界近日传言本公司艺人蔡依林涉及香港艺人陈冠希不雅照片之事件，本公司及蔡依林本人原本深信这样谬误的谣言应该会自行平息，然而层出不穷的相关谣言，已经对蔡依林本人、家人以及广大支持蔡依林的朋友造成伤害。

二、 本公司及蔡依林本人在此严正声明，绝无涉及香港艺人陈冠希不雅照片事件，近日相关影射之媒体报导以及网络传言绝非事实，日前网络流传之若干鱼目混珠之照片亦与蔡依林本人绝无关连。

三、 再次强调艺人蔡依林与陈冠希不雅照片之事件，绝无任何关联！为了向广大支持蔡依林的朋友有所交代，如有确实证据并经法院判决确定属实，本公司愿意拿出新台币一亿元的金额给提供前述确实证据之人。

四、 本公司及蔡依林本人也希望再度表达严正之声明，敬告各媒体朋友应详尽新闻报导之查证义务，切勿以任何直接或间接方式任意转载未经证实之消息或网络流言，亦勿任意影射报导本公司任何艺人卷入陈冠希不雅照片之事件，若再有类似直接或间接之任何形式相关报导、传言或消息，导致本公司及艺人之一切损失，本公司将无上限求偿，并本公司将竭尽全力，采取法律途径维护本公司及本公司艺人之相关权益，并追诉相关人等的所有法律责任。

共同声明人：
天乘娱乐事业股份有限公司
代表人：

蔡依林

一億元的逆襲聲明。

蘋果日報頭版頭條位置的新聞報導（感謝蘋果日報照片提供）。

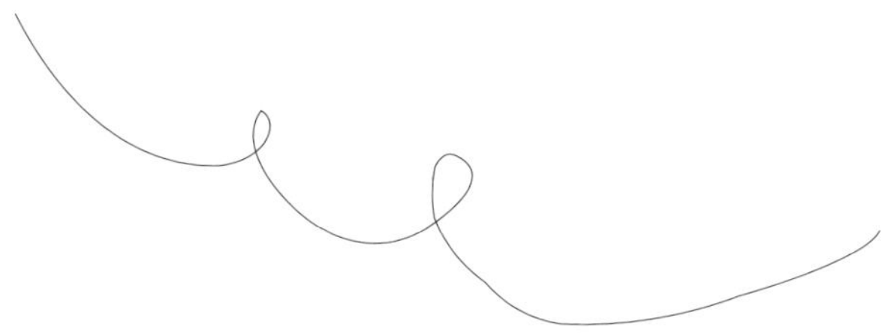

能跟這麼努力的藝人合作，真是我的大幸運。

一萬英呎的高空，讓人生重新啟動。

PART C

挫折的禮悟

——即使無法掌握生活中的各種逆境，但如何「看待」它卻永遠在我的掌控下。

01 捨棄「外包」的人生策略，就算一直撞牆，總有一天會穿牆

「挫折」的逆襲一：
這世界大多數的「夢想」都沒有實現。
可是為什麼就是有些人，大多數的夢想都實現了呢？

不會做的，就馬上去找會的人來做，花點錢，事情就可以解決了——你也是這樣的人生「外包」族嗎？

我出生在很普通的家庭，所以用「花點錢」的方式快速解決事情，並不是我的家庭會有的觀念。因為要養三個小孩，所以我的爸媽經常忙於工作，再加上我跟兩個哥哥的年齡差距很大，所以我的童年經常都是一個人過的。

每天下課，我一個人回家，用掛在脖子上的那串鑰匙開門，有時候冰箱沒有飯菜，我也會自己做晚餐。我在國小三年級就無師自通，成功做出自己覺得還不錯吃的肉絲炒飯跟麵疙瘩了！一個人寫完功課的晚上，我最常做的娛樂就是下象棋，用自己的左手跟右手下，兩隻手各自代表不同的人，不是只有換手，是真的換一個腦袋跟角度，去思考那盤棋局。

因為爸爸是公司的老員工，而且在老闆經營最慘淡的時候他都沒有離開，所以老闆成功以後，堅持要幫我們付學費直到國中畢業，而且是讓我們念昂貴的私立學校。

我的同學都是有錢人的小孩，他們會帶很炫的文具跟玩具到學校來，比起我用到壞才會換的鉛筆盒，我雖然不會自卑，但偶爾還是會羨慕。直到現在，我還記得學校在午餐的時候會提供一鍋熱湯，裡面的料很多，當大家吃著帶來的豐盛便當，我的小鐵盒打開裡面經常就只有白飯、一顆滷蛋跟少許青菜，我配著好多料的熱湯吃，一樣吃得很開心！每天下課當我一個人走出校門口，看到很多名車在門口等著接同學回家，我知道那是另一個世界，跟我的世界完全不同，可是我知道我將來一定會努力讓自己也可以。

多年後，當我回想起自己的成長時期，**我覺得我的父母給我最好的禮物，並不是「他們為我做了什麼」，而是「他們沒有為我做的什麼」**，因為他們很忙，無法事事幫我安排，於是我才有機會自己摸索，學會那些在我後來的生命裡，很重要的態度和技能。

學會做菜，而且後來也懂得享受美食，為自己及所愛的人下廚做兩道菜，成為我生活裡很家常的美好。我在那一盤看似一個人，卻其實是兩個人在下的棋局裡，學會迅速地專心，學會了後來工作上最重要的「知己知彼」的道理。

我在那樣的成長過程裡，得到最珍貴的禮物就是獨立，還有心中那股不服輸的動力。

在我二十歲那年，爸爸突然因病過世。從美國念完書回臺灣後，憑著社會新鮮人微薄的薪水，我帶著媽媽一起租房子住，沒辦法再存什麼錢。在時髦的廣告業，同事們的衣著光鮮，只有我是穿著爸爸、哥哥們的大一號舊西裝，雖然已經盡量修改了，但還是可以感覺到那是過時、褪色的款式，有時候會自卑，也會挫折，不能讓媽媽過好日子。但我從來沒有放棄那個一定要出人頭地的決心。

後來，我的工作越來越好，薪水也越來越高了，我開始有能力將我生活裡的某些麻煩「外包」，但那從來都不是我的觀念，能夠自己來的事情，我都會盡量自己來，外包找人做當然比較簡單，可是我們也因此失去了許多學習的機會。

真心建議現代的父母，不要急著幫你的孩子解決他的問題，不要急著將他遇見的問題外包，給他一些時間去面對和摸索，你用外包幫他省下來的那些時間，對他不一定有用，可是他在解決問題的過程裡，所得到的自信跟建立的態度，卻很可能就是他一輩子最重要的資產。

我更想鼓勵現在的年輕人，不要急著外包你此刻面對的問題，尤其是正走在「夢想」路上的年輕人，盡量自己去解決你在夢想路上會遇見的事情，因為這樣你才會踏實、才會真的成長，就算失敗了也會是你人生最棒的經驗。

我在職業生涯裡面對過身分最大的一次轉換，就是從原先的唱片「專案經理」，轉為另一間公司的「企宣統籌」（企劃宣傳統籌），那是我當時的老闆姚宜君小姐給我的一次晉級的機會，「企劃」跟「專案」可能還有些許相通，但我從來沒做過「宣傳」，更完全不認識媒體，在當年那個媒體很強勢的年代，資深記者多是出了名的兇悍！我可以把應對媒體的工作交給下屬去處理，但是我沒有；相反地，我是一一登門拜訪，逐一跟他們認識，甚至在日後，也逐一領教過他們強悍的威力——幾年後當我成為經紀人，那些過程成為我最珍貴的經驗，因為我沒有「外包」，所以那些過程，最後才能真正屬於我，豐富了我的背景和人生。

許多人都擁有「夢想」，重點是能不能夠實現？**而那些後來能夠實現夢想的人，一定也是一個積極的實踐者，他們最重要的實踐就是「親自」去面對每一個問題，**別害怕受挫，即使沒達成，失敗的痕跡也是有價值的，因為每一步都算數，過程中的每一步都會讓你更接近你要去的目標！更別低估自己的勇敢，也許正是那些挫折，才激發出了你更強大的反作用力，讓你每一次的衝撞都更具有爆發力！就算是一直撞牆，也總有一天會穿牆！

我還記得，那年我二十九歲，我帶著媽媽一起租了一間兩房的舊公寓，銀行戶頭裡只有幾千元的存款，那是一個太陽很大的下午，我從遠東飯店走出來，剛完成藝人的唱片定裝，我應該就那樣離開，但是我並沒有，我只是突然停下來，然後對著遠東飯店那棟高樓大喊：「給我十年！十年後我一定把你買下來！」

十年後，我沒有真的買下遠東飯店那棟大樓，但我還是有進度……

我買了遠東飯店隔壁的華夏。

如果你覺得這樣的進度也不錯，方法我已經跟你分享過了，歡迎你馬上出發，跟上我的腳步！

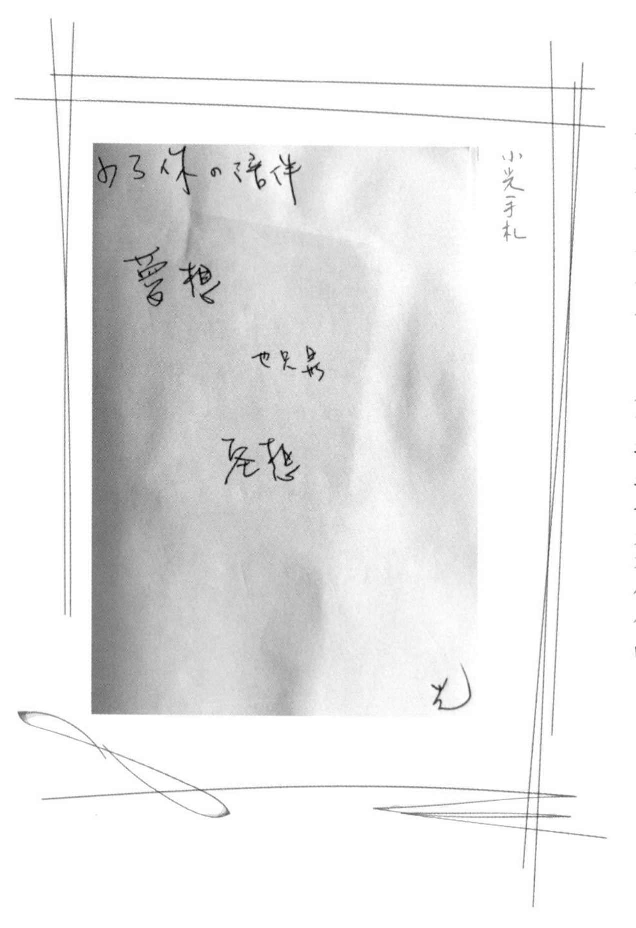

獻給你的禮悟：

「親自」去實踐你的夢想——「親自」去面對每一個問題，不怕受挫，

即使最後沒有達成，失敗的痕跡也是有價值的！

02 真正生病的人不是病人，而是不敢面對疾病的人

「挫折」的逆襲二：

你曾經被歧視、霸凌或不公平的對待嗎？你都怎麼面對那些傷痛呢？

H是我在精神病院那半年認識的朋友，更準確地說，他是睡在我隔壁床的室友。我們在那半年裡聊了許多，卻從來沒有問過對方：「你為什麼會來這裡呢？」

我只知道，他大學念的是心理系，跟幫助我很多的那位女心理師是同班同學。

兩年後我從美國念完書回來，我打電話約H見面，想找他敘敘舊。

「我當時進精神病院的原因跟你一樣。」他在咖啡廳裡突然跟我說。

坦白說我很意外，我從沒問起，因為那是我當時保護自己的方法，如果你不希望別人問

起你來的理由，那你也別問別人來的原因。從外面走進這裡，看似短短的幾步路程，對那些終於走進這裡的人來說，卻是一條遙遠而坎坷的路啊！這裡最不缺乏的，就是傷心的故事，所以，又何苦多問？

我對他笑了笑，難怪，我們當時那麼投緣。

「然後，我前幾天剛去檢驗所檢查，確定自己得了愛滋病。」他說。

「愛滋病」這個在當時還不常見的名詞，就在那剎那，從報紙、電視報導的遙遠彼端，迅速真實地呈現在我面前。

我鼓勵他不要放棄，並且說服他去接受治療。很快地我們就相約在臺北某間知名教學醫院的診間。

明明是感染科的診間，不知為何，整個空間那麼開放，連旁邊的活動屏風都沒有人想要為他拉上。

醫師一直在問他的交友狀況，音量越來越大聲，而且越來越嚴厲，像一個警察，而不是醫師。我在他旁邊陪伴著，連我，都覺得難堪而不舒服。

「你們這種人，就是自己愛亂玩，才會得到這種病。」我詫異至極，這樣的批判，不是來自一個路人，而是一個專業的醫師。

「你們可以尊重病人一點嗎？難道他是故意想生病的嗎？」我忍不住喊出來，站起來拉著朋友的手說：「我們走，我們去別的醫院看！」

我拉著他往外面走，醫院的長廊又黑又長，幾乎看不見光的所在……我逃離家鄉，到海外漂泊了一圈，終於回來，卻發現原來自己依然被囚禁在偏見的牢籠裡。

愛滋病感染者就一定是「性濫交」者？性交幾次得病算是「性濫交」？異性戀者的婚前性行為算不算「性濫交」？而那些鄙視的人，究竟鄙視的是同性戀？還是性濫交？而我們在看待這件事情的時候，究竟是用一個醫學的角度，還是越位成為了上帝，認為那就是上帝降給同性戀者的懲罰？

事實是，愛滋病感染的管道很多，也不只在同性的性行為之間才會傳染。甚至，只要一次的意外，就可以感染。更何況，是在大家對愛滋病還那麼陌生的三十年前，沒有人想到，也許只是一次慾望的失控，甚至是一次真心真意的結合，就會讓你染上這個新世紀的黑死病。

這些道理，一般人可以不懂，可是身為第一線的醫療人員，都還存在著這樣狹隘的偏見，那我也真的難免會懷疑，你們在看待每一位病人的時候，是不是也都有你們認為的「罪有應得」？譬如，肺癌就是抽菸活該，燙傷就是自己不小心……雖然這樣的想法或許也是我狹隘的偏見。

人之所以為人，最獨特的情操就是「悲憫」，是能夠體諒別人的無助，甚至後悔。而這樣的情懷，我認為是醫療人員最基本的專業。

後來，我又帶著他去了榮總。

在此，我要向榮總的醫護人員致上最高的敬意。所幸，有了之前那所教學醫院的挫折對比，我才知道，原來榮總的醫師、護士、醫療環境，對待愛滋病患，是這般的友善和慈悲，原來，這個世界真的存在著白袍天使。

我也才真的明白，原來真正生病的人不是病人，而是不敢面對疾病的人。

病人只要勇敢接受治療，就有機會好，可是用偏見看待世界的人，終其一生箝制的，經常還是自己。

三十年後，在愛滋病的防治已經成為大家共同的常識，控制愛滋病的藥物也越來越進步的情況下，有許多病患已經獲得控制幾近痊癒；真心希望，那些願意放下偏見的人，也能越來越多，就像文明的演化一樣。

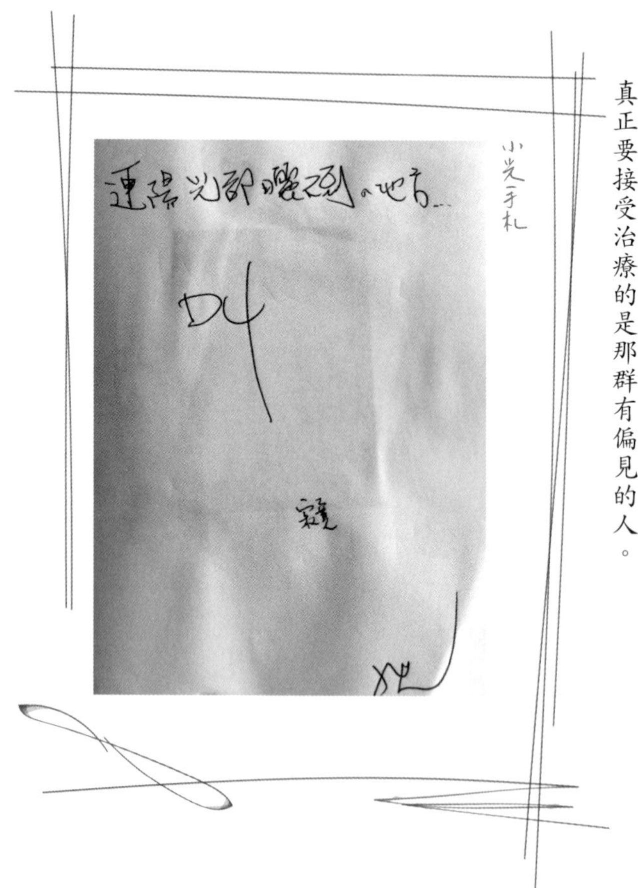

獻給你的禮悟：

如果你曾經是被歧視、霸凌的受害者。

恭喜你，因為你一定是一位有同理心的「健康人」。

真正要接受治療的是那群有偏見的人。

03 你可以被別人擊倒，但不能被自己打敗

「挫折」的逆襲三：
跌倒了，要怎麼再站起來？
尤其是，在愛裡心碎跌倒的人。

我的一個好朋友，旁人都覺得他的條件很好，長得帥、又是知名企業的主管，他並不想單身，可是卻一直都沒有找到真正的幸福。

「因為我討厭被拒絕，更討厭後來的打擊！」他這麼跟我說。

於是，他總是在跟對方約會幾次後，就開始逃跑。「我們年紀差太多，他到後來一定會開始嫌我老的」、「我們的生活作息太不一樣了」、「我覺得他應該沒有很喜歡我吧」……

他逃跑的理由很多，但其實只有一個，就是避免受傷，而且遇見越喜歡的跑得越快，因為那代表他受傷的機率又更高了。

我們都討厭被拒絕，尤其是「感情」裡的拒絕，跟「工作」上的拒絕很不一樣，我們對工作的拒絕比較理性，可能因為要換一個工作並不是那麼困難，要找一群人一起罵老闆也很簡單，可是在感情裡被拒絕很討厭，我們除了傷心，還會失去自信；而當我們被連續拒絕幾次之後，會開始懷疑幸福也許根本就不屬於我們。

在遇見小光之前，我曾經被拒絕過六次。我不擅長等待、也不習慣迂迴，當我真的很喜歡一個人，就會直接告訴他。沒錯，被拒絕會失望，會覺得可惜，但那是我必須為自己而努力的勇敢。然後，尊重他的決定，因為他沒有想要跟我一起發展幸福。

愛是一種很主觀的感覺，他不喜歡你，跟你好不好無關，跟你以後還有沒有機會幸福無關，就只是他對你沒有感覺而已。而我們本來就應該去找一個對你也有感覺的人，才能夠真的發展一份長遠的愛。

我們都希望「確定」，遇見一個「確定」的人，遇見一份「確定」的感情。可是如果不試，怎麼會知道對方是不是跟你一樣確定？如果不去努力經營，又怎麼會有機會讓這份喜歡，變成一份很確定的感情呢？

所以當你真的進入了一份關係，請不要急著離開，不要急著下定論，每個人都應該給一份正在交往的感情，三次勇敢的機會。也許在努力之後，會發現彼此真的不適合，但起碼你試過了、盡力了，更重要的是在這三次勇敢裡又學會了更多愛的道理。

你沒有逃走，你沒有遺憾，你不是在每次逃開後，只是賺到了安全，卻什麼都沒有學會；你是真的承受了，也努力放下了，你在這次的感情裡所鍛鍊出的肌肉，會讓你在下一次的感情裡，舉起更大的幸福，走更長的路。

這一生，你一定會被幾個人拒絕——從前我認為那跟「運氣」有關，後來我才明白那本來就是追尋幸福的「過程」。是那些過程讓你成為了更好的人，是因為你成為了更好的人，所以才會遇見了後來的他，才有能力給他更好的幸福。

你可以被別人擊倒，可以在那個挫折裡灰頭土臉一陣子，但是你不能被自己打敗！總是習慣先逃跑的人，很容易就會一直逃跑到人生結束。

其實你也知道只要給你一些時間，你一定會再站起來。你不該放棄，因為幸福本來就是你的權利，沒有人可以拿走。你也許會傷心，但你絕對不會忘記保有你的勇氣和誠懇，因為這樣對將來那個對的人才公平。

尋找幸福的路，每個人都不一樣，但其實也都一樣，終其一生我們也只需要找到一個對的人。那條路越辛苦，就越突顯了幸福的珍貴，就越讓我們懂得，遇見那個喜歡你，又願意跟你一起努力的人，是多麼值得被珍惜。

謝謝，當時那些曾經擊倒過我的人，謝謝你們不愛我。所以後來我才能練得更好，而且把更好的自己，給了後來的，那個我最愛的人。

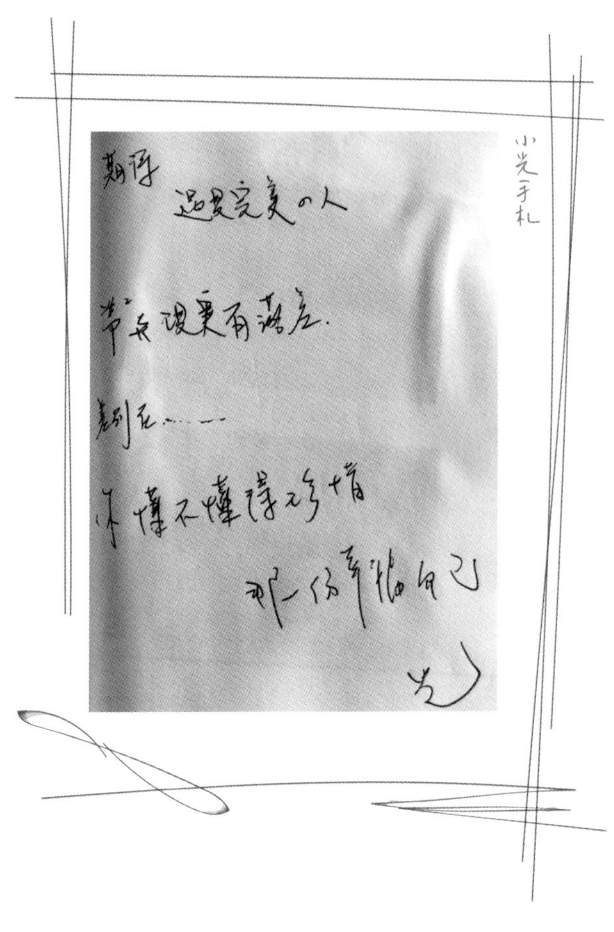

獻給你的禮悟：

謝謝那些在愛裡給你挫敗的人，是他們讓你知道，你真正要的幸福是什麼？

是他們讓你成為了更好的人，讓你把最好的自己，留給將來那個更值得的人。

04 哪一件事會讓你廢寢忘食並能得到讚賞，那就是你該一直去做的事

「挫折」的逆襲四：

為什麼始終找不到適合自己的工作呢？你開始在挫折感中懷疑，自己的人生真的就是這樣一輩子庸庸碌碌了嗎？

剛進社會的年輕人經常會問我：「該如何選擇適合自己的工作呢？」

在本書前面的文章裡，曾經建議大家去網路找比較深度的性向測驗來探測自我。此外，我要再跟大家分享另外一個判斷的指標：

哪一件事會讓你廢寢忘食並且能得到讚賞，那就是你該一直去做的事。

我從小就很喜歡看廣告，在念五專的時候還會去光華商場買集結世界各地的廣告光碟來看，常常看到半夜三更。直到當兵時，我在軍中心理師的協助下完成了性向測驗，更確認了「廣告」是我的最愛。於是我去美國念廣告，如願地在回國後進入了我心中的第一志願「奧美廣告」。

後來，我在邱復生先生的拔擢下進入唱片圈做專案經理，專案在做的事情其實跟廣告很像，只是商品變成唱片。後來，邱先生給了我更大的舞臺，行銷的商品可謂包羅萬象：唱片、電玩、電影、演唱會、網路、國際歌迷會……我在各式各樣的挑戰下，熱血、開心、廢寢忘食而且得到肯定，這讓我更確定行銷是我該一直繼續的領域。

接著我發現自己最有興趣的商品是「人」——因為人是活的，有各種可能，而且隨著人的成長，還可以有不同階段的進化。於是最後我決定將自己的職涯鎖定在「藝人經紀」，並在葛福鴻小姐的賞識下，進入天熹娛樂擔任總經理，那是一個藝人經紀公司，而我們簽下的第一個藝人就是當時正在事業谷底的蔡依林。

接下來的故事，你也許或多或少都在媒體上看過，我就不再花費篇幅多說。我只想說我很幸運能跟蔡依林、黃立行、蕭亞軒、羅志祥、黃嘉千、楊丞琳、Energy、歐漢聲、關穎等等十多位，願意不眠不休努力工作的夥伴們合作過，他們用那些精采作品證明了他們的實力。他們的成功，除了因為他們的天分和努力外，更重要的是堅持。而我只是一個舵手，在那些風浪裡鼓勵、安定他們，並建議他們前進的方向。在那些跟他們共事的歲月裡，雖然挫折不斷，但我也同時感受到他們的成長，分享了他們的榮光，如果當時曾經有人讚賞過我，我接受！因為那意味著我經紀的藝人很優秀，因為我真的熱愛這份工作，因為這份工作是我在廣告行銷這條路上，最後最快樂的「落點」。

是的，這就是我想跟你分享的重點：當你找到了那件「你會廢寢忘食地去做，並且得到讚賞的事情」之後，接下來就是要開始在那個領域裡，尋找你的「最佳落點」。

你喜歡藝術，並不意味著你一定要成為一個「藝術家」，你也可能是一個最棒的「藝術經紀人」，對不對?!

找到那個你真心喜歡的領域——找到對的「動機」，就一定會朝著對的方向前進。然後，在那個領域裡摸索出最適合你的位置——只有做你愛的事情，才能產出好的結果，因為你會覺得在玩樂，並且從中獲得心的滿足。

如果你還沒有找到，請繼續找不要妥協，就跟談戀愛是一樣的，等到你找到時就會知道那有多快樂！

審慎評估你的每個機會，確定這是你真的想要的，確定這是一個成熟的假設，是你一直會有熱情的領域。人生很短不要浪費時間，堅持你自己訂的原則，選擇對了，就能活得越久，領得越多！跟著熱潮一窩蜂或者抱著姑且試試的隨興心態，最後浪費掉的，是你永遠無法重來的青春歲月。

我還記得在多年前，有一次跟邱復生先生吃飯——那是一頓半夜兩點的「宵夜」。當年我身為他的部屬，又得到他的栽培，努力自是應該，可是他身為董事長，卻經常熬夜加班，每當他下班經過我的房間，就會找我一起去吃宵夜。那天，我的感觸很深，因為有一位我們都認識的朋友，在那天肝癌過世，而肝癌發生的原因，很多是過度勞累。

「邱董，我聽說您經常半夜回家都還在看各國的電視節目做功課，您要保重身體，別太累啦！」我說。

「小蔣，我從頭到尾都不覺得這些事情是工作，我覺得超好玩的，怎麼會累！」

我當時詫異地看著邱董，那真是一個「好玩」的回答。多年後我懂了，因為我也正在這麼做，如此好玩，而且樂此不疲！

獻給你的禮悟：

只有做你愛的事情，才能產出好的結果。別把你最珍貴的青春，浪費在人云亦云裡。

小光手札

請允許我，鄭重的跟你道謝
認識你，就像有双翅膀，飛向
一片蔚藍的天空，自在翱翔，很舒服
也獲得很多
也請允許我誠心的跟你道歉
一路上，我總愛左顧右盼，貪圖危險
乘風飛去，還累的你也傷痕累累…
謝謝你，總是用力大笑
來療我心裡的傷

05 尊重命理，相信理命

「挫折」的逆襲五：

你去算過命嗎？每天要看星座運勢趨吉避凶嗎？那些一直困擾著你的事情，後來有因為這樣，就不存在了嗎？

那天小光突然發高燒，已經搬來臺北照護他一年多的小光媽媽打電話告訴我，說會先讓他吃退燒藥，再觀察後續狀況。但由於他無法表達，我建議還是叫救護車，送去醫院檢查引起發燒的原因，再對症下藥比較好。

後來，我到了照護的住所，陪小光上了救護車。

親愛的，自從你在西班牙溺水昏迷以來，我早已分不清這是第幾次帶你上救護車，我應該要習慣那些機器，可是為什麼直到現在我還是好討厭救護車裡面所有儀器的聲音，忽然「逼」的一個長音都會把我嚇得暫停呼吸，都會讓我覺得，我真的要失去你了……

到了醫院陪你去照心電圖，護士把你的衣服掀開，突然看見你身體的瘀青還有那麼多的針孔，我的心好痛，因為我無法跟你分攤那些肉體之痛。更讓我心痛的是，你還要繼續承受這樣的肉體之痛多久呢？

在過去一年多的時光裡，我花了不想去細算的金額，試過了七十二種醫療的方法，最後，我在那幻滅了七十二次的挫敗裡思考，如果我依然無法救回當時的你，那我究竟應該在這個過程裡學會什麼？

這是我算命算得最多次的一年，也是我拜過最多神佛的一年，我聽過那麼多大師算了你和我的命，也細細解讀了神佛們賜給我們的靈籤，在走過那七十二次的真實與幻夢之後，我終於有了自己的體會，那就是：

尊重「命理」，相信「理命」——尊重那些「生命的道理」，但我們真正應該相信的是

「自己整理出來的命運」。

這一生你也許會有一些機緣，去遇見一些通達命理的人，他們會預告你的命運，好的你聽，壞的你謹慎躲避，我們在那個不確定真實與否的路上走著，經常只專注在「結果」是否盡如人願，而忘記了，其實「過程」才是我們最重要的學習。

這世上究竟有沒有人能夠準確預言未來？我不知道。可是我知道只有我們自己可以整理出自己的命運，那就是我們每個人在自己的人生當中，在那一步步最真實的走過裡，終於理解了、接受了，原來這就是每個人自己的命運。

親愛的，沒有你，好多事我都只能看到一半，因為你，沒有站在我的後方了。而我此後的人生，最後這一半蒙昧的理解與追尋，竟然是因為你的苦難，才開始展開。

這一路，我終於從老天爺那裡學會的，每個人都有他的命運，都有他早已寫好的人生劇本，我們應該著力的，並不是非要幫別人改變什麼，而是我們自己應該學會什麼？

這樣的體會並不容易，要接受也很困難，而往往能讓我們學會的，是苦難，是上天為了讓我們學會，而降下的痛。這世上有兩種痛，一種是肉身之痛；還有另一種，那就是我們後來才終於見識到的，那種痛到你得改變自己的痛。

肉身之痛，有些在醫療後會痊癒，有些會被淡忘；可是持續困擾著你的心痛，如果你自己不改變，誰也救不了你。

我在這場人生至痛裡學會最重要的事之一，就是：寬恕。

我必須先與自己和解來寬恕自己，不再一直責備自己為什麼不能把小光的意識救回來；我必須寬恕因為他而對我有怨懟的人，雖然他已經三十六歲，應該對自己的行為負責，但如果他們認為我沒有照顧好他，我可以理解，因為如果我是他們，也可能會這樣想。

先盡人事，先盡上你最大的努力，然後仔細聆聽老天要教你的命理。我們自助，天卻不一定會助的原因，是因為不論結果或是過程，都是上天想給你的禮物。去改變能改變的，也要學會接受不能改變的，才能在變幻的人生中，保持不變的平穩與和諧。

學著對每個人寬恕，才能從別人眼中看到最真實的自己。學著對自己寬恕，才能真的釋放自己給出愛——願我們都能學會愛己愛人，因為愛的意義，就是此生的意義。

親愛的光，這是最後我不只為你，而是為了我們而做的第七十三件事，我已經以你之名成立了「愛最大慈善『光』協會」，雖然這件事情的緣起是一場巨痛，卻是我最後最好的改變與學會，這世界只有寬恕，才能讓每一份愛，真的永遠無遠弗屆地擴散出去……

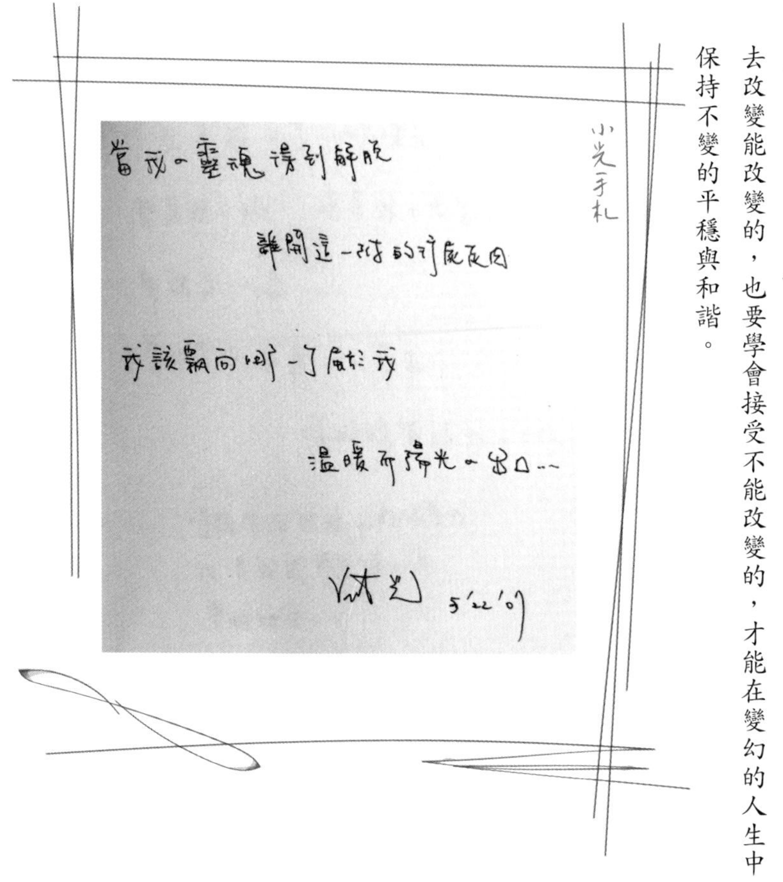

獻給你的禮悟：

去改變能改變的，也要學會接受不能改變的，才能在變幻的人生中，

保持不變的平穩與和諧。

06 你可能比自己想得更脆弱，但一定也比想像得更勇敢

「挫折」的逆襲六：
我們經常在挫折中，覺得自己一無所有。卻渾然不知，其實有許多新的東西，
正在生命裡長出來……

光，這是我在想不出能再為你做什麼的情況下，腦海裡突然浮現的念頭——去西藏「轉山」，我想去為你祈福。

又或者，是期待這一年多來已經心力交瘁的自己，有沒有可能在那個挑戰體能的環境裡，再長出更多的智慧，去面對生命的接下來。

我早在二十七歲那年登上三千九百公尺的玉山的時候，就知道自己有高山症，在將近

二十多年後，又要上高山，而且我這次要攻頂的「轉山」至高點，海拔有五千七百公尺。行前聽了兩位朋友跟我說，在西藏因為高山症而傷到腦細胞的真實案例，其中最嚴重的是一位中年人，他被送下山的時候，智商只剩下三歲小孩而已。於是，我謹遵前人指示，行前一個月停止運動，開始吃紅景天，出發前三天開始吃丹木斯，就像要去打仗似地，睡袋、登山鞋、杖及各式各樣的藥，塞到行李箱都快爆炸了！

飛機都還沒降落在拉薩機場，我在高空就已經被底下諸山群峰的山勢震撼了！心情很複雜，一方面恐懼自己的渺小，另一方面也激動著真的就要踏上這條祈福的道路。一走出登機橋，發現身邊的人都開始慢慢走，避免身體因激烈的動作而缺氧，於是我也開始小心翼翼地呼吸。

也才第一天，「高原反應」就在二十多年後又與我重逢了！腦脹、頭痛、想吐的症狀全部都發生！吃了臺灣帶來的藥，效果並不明顯。為了讓後面的行程可以繼續走，我去了拉薩的醫院想要打點滴，結果醫院也只是開了感冒藥給我，根本沒有作用。後來我才知道飯店就有提供醫師的服務，而且非常有效，於是立刻去打了點滴跟吸氧氣，第三天我一整天都乖乖待在飯店休息，才終於漸漸好轉。

不知道是不是因為腦缺氧的關係，來西藏後，不常作夢的我，變得每天都會作夢，每個晚上醒來兩三次，作的竟然都是不同的夢，連在車上打個盹，短短十分鐘也會作夢……那種虛幻與真實交錯出現的感覺，在這個中午十二點仰望天空還可以看見月亮與太陽同時出現的國度，我經常需要停頓幾秒，才能分辨何處才是真實的時空？又或者需要幾分鐘，才能停止那個只想活在夢境裡不要醒來的念頭。

光，從二〇一七年九月一號你發生溺水開始，我養成了走在路上都要戴著耳機的習慣，因為我害怕別人來打擾我。更因為在那個世界裡可以只有你跟我，我每天「隨時」都會想到你，對我來說，你一直都是跟我在一起的。

而我在那些虛虛實實的夢境裡，好似醒來又彷彿沉睡地問了：「光，你在嗎？這次，你也跟我來了嗎？」

當我開始「轉山」，我知道，你給我答案了。

不知為何當我一邁出轉山的步履，我就一直充滿了感動的感覺，我拿著在大昭寺幫你跟佛祖求來的佛珠，邊走邊幫你念六字真言祈福，光，我真的感受到你就在我的心上，就像從前那樣，你總是跟著我，天涯海角，我都會帶你去……耳機裡上千首隨機播放的音樂，突然就在那個時候出現了徐佳瑩的〈言不由衷〉：「願你永遠安康，願你永遠懂得飛翔；我如此堅強，願我永遠善良……」我霎時淚如雨下，無法止息。光，我是真的知道了，感受到了，原來我們對彼此的愛，從不曾止息。

在即將「登頂」的前一夜，我睡在攻頂口的大帳篷裡，整個晚上大通鋪裡小孩的哭聲，大人的打呼、磨牙、說夢話，還有一些不知道是什麼的聲音，讓我幾乎徹夜未眠，清晨四點半，一個大媽叫團員起床集合，也等於把一整個帳篷裡的人都叫醒了！

我的運氣不算好，除了睡眠不足，在登頂這天還遇上了低溫特報，狂風加上地面結冰，走在陡坡上真是舉步維艱，朋友要我錄一則影片寄回去給大家看，而我竟然連這麼簡單的要求都做不到，我只能在喘到快斷氣時，拍張照片，那已是我體能的極限，真的沒辦法邊走邊拍。

在那一步步的緩慢移動裡，當心神必須集中在「呼吸」還有最基本的「平衡」，我的心變得好平靜。我承認我很脆弱，不只是因為高山症，還有我對於那些美好從前的想念；可是，我也發現了我的勇敢，在這片冷酷無情的大地裡，我還在前進，為愛前進。

終於攻頂的那一刻，當我終於站上了五千七百公尺的山巔，在西藏，他們相信山的至高處，就是最靠近神的地方。我站在這裡，彷彿擁有了整個世界的力量，但我只想藉著神的力量，以疾風，以無聲千言萬語，說給與我心靈相通的你：

「親愛的，我最想說的是謝謝你。

謝謝你的從前，還有現在，都一直這麼努力。

因為你，是讓我努力向前的動力。因為你，才讓我成為了更好的人。我想我這輩子都再也給不出更好的自己了。

謝謝我們都如此努力，即使走不到最後，也讓我們學會了，不要沒盡力就放棄，努力過後更要學著放下。

更因為一起擁有了這些美好的努力，所以我將不再害怕回憶，而且會因為這些回憶，而有繼續向前的勇氣。我不會沉溺在過去，不會把過去當成未來，我會鍛鍊最強大的內心，不讓挫折拿走我生活的勇氣，天涯海角，心上都帶著你。」

我就這樣安靜地坐在山頂，遠方的湖看起來好小好小，但我知道只要走近了，就會知道它其實很大。就好像你可能比自己想像得脆弱，但其實你一定可以比想像得，更勇敢。

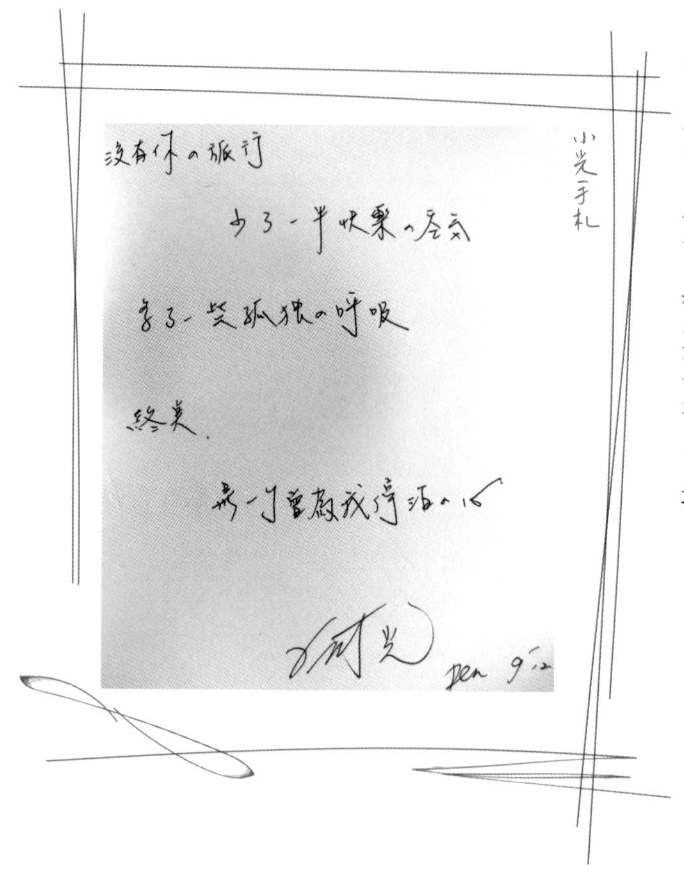

獻給你的禮悟：

承認自己的「脆弱」，你就擁有了最開闊的土地。讓新的「勇氣」在脆弱中長出來，

你曾經有多脆弱，將來就會有多勇敢！

遠企隔壁華夏的舊家，也是我們最多回憶的家。

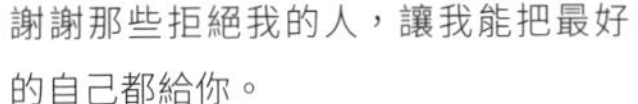

謝謝那些拒絕我的人，讓我能把最好的自己都給你。

你用什麼角度看世人，世人也會用同樣的角度來看你，面對疾病，請勿歧視只需正視。

謝謝你們的信任，讓我心甘情願地廢寢忘食。

小光，這是以你之名成立的慈善協會，願你的愛能幫助更多人。

西藏海拔五千七百公尺的湖，給我勇氣。

「轉山」舉步維艱的結冰路，為你前進。

PART D

遺憾 的禮悟

——願我們都不要再靠失去，才懂得珍惜。

01 不對「過去」說謊，不然「未來」也是謊言

「遺憾」的逆襲一：

這世界有一種遺憾，就是我明明是為了「愛」而說謊，最後卻還是無法留住「愛」。

我在精神病院那六個月期間，有位女性心理師給了我很大的幫助，她讓我相信自己不是生病，相信自己的人生還有無限可能。

同期在輔導我的，還有一位男性社工，他們兩位是男女朋友。

終於，我退伍了，可以從精神病院離開。在我去美國念書前，男性社工跟他的醫師朋友們，幫我辦了一個餞行的聚會。那天，女心理師因為有事情無法來。

那個晚上的氣氛很好，大家都很開心，因為我的嶄新人生就要開始。還有另一個更讓人開心的理由是他們即將要結婚。「要讓她幸福喔！」我在席間舉起酒杯對他說。

後來，他開車送我回家。就在我要下車的那剎那，他突然從駕駛座伸出手，搭上坐在副駕駛座的我的肩膀，一個急促的用力，瞬間親吻了我的嘴唇。

猝不及防，我推開他，只能一直笑著說：「你喝多啦！真的喝太多了！」直到他的車子離開，我都不知道自己剛才是如何慌亂地跳下車的。

我確定，他沒有醉，他是海量，而我們今晚只是小酌。

我不知道該說什麼，又該如何處理？如果你是我，你會告訴你的好朋友嗎？用什麼證據？確定嗎？就在她要結婚的前夕。

我想起自己小的時候，因為很喜歡一雙名牌球鞋，於是騙媽媽說，學校規定大家都要買同一款球鞋。後來，被媽媽發現我說謊，雖然她還是買了那雙鞋給我，但是她教我兩件事：第一，成績不是最重要的，但是做人一定要有骨氣，現在不用跟別人比較物質，因為再怎麼比也只是父母的血汗，有本事將來靠自己去贏別人；第二，要誠實，今天你以為只是撒了一個謊，但之後你得再說更多的謊來圓，然後總有一天還是會穿幫。

我記得媽媽的話，但我還是沒有跟我的女心理師說實話，就在她即將結婚的前夕，我真的說不出口，我認為，那是一個善意的謊言。

後來，我在美國收到她寄來的喜帖，當時手頭拮据的我，沒有預算回臺灣，但我在美國挑選了結婚禮物，把我衷心的祝福，托要回臺灣的朋友帶回去給他們。

兩年後我畢業回到臺灣，這次，是只有我跟她的聚會。「我們應該會離婚。」她突然對我說，還說婚後的他對她越來越冷淡，幾乎就像室友一般。

我對媽媽的話體會更深了，是的，我當時沒有說出事實，就像是對她說了謊。然後，我現在更不能說實話，因為我怕她會怪我，於是我裝作不知情，那是我為了圓謊，而繼續說謊地偽裝。而且，他們要離婚了，事情都要告一段落了，我又何必再說什麼呢？

然而，他們沒有離婚，她後來在電話裡跟我說，她還是想再給彼此一次的機會，她會努力找回曾經有過的幸福，因為就在離婚前夕，她發現自己懷孕了！

我多希望這個故事就到此為止，多希望她可以找回幸福，遺憾的是故事真正的結局，是幾年後他們還是離婚，她還是沒有成功挽回她的幸福。

後來，我在同志酒吧看見了那個男社工，他沒有看見我，我看著他正在離開的背影，心裡想著：

如果，當時的他可以更勇敢一點，面對自己的性向，會不會他今天擁有的，就是他真正要的幸福？最起碼，不會耽誤了，另外一個一直在他身旁的人的幸福。

如果，當時的我可以更勇敢一點，告訴女心理師事情的真相，會不會她就不必多走那些冤枉路，可以得到她真正的幸福？

原來，媽媽說的「誠實」是沒有例外的，尤其是跟「幸福」有關的事情。因為幸福是如此真實的事情，它需要兩顆誠懇的心，才能夠真的建立。因為幸福是如此絕對的事情，它無法假裝、無法勉強，你也許可以暫時騙過別人，但你永遠無法騙過自己。

讓我們把幸福的追求建立在誠實的基石之上，每一步都踏實，每一步都是你努力過的痕跡，你寧可因為真愛而傷心，也不要在假裝幸福的面具後面偷偷地流眼淚。你可以輸，可是你絕對不對愛說謊，因為謊言只會召喚來龐大的荒涼跟虛無。

不對「過去」說謊，不然「未來」也是謊言。

獻給你的禮悟：

絕對不要對愛說謊，因為幸福是建立在「誠實」的基石之上的。

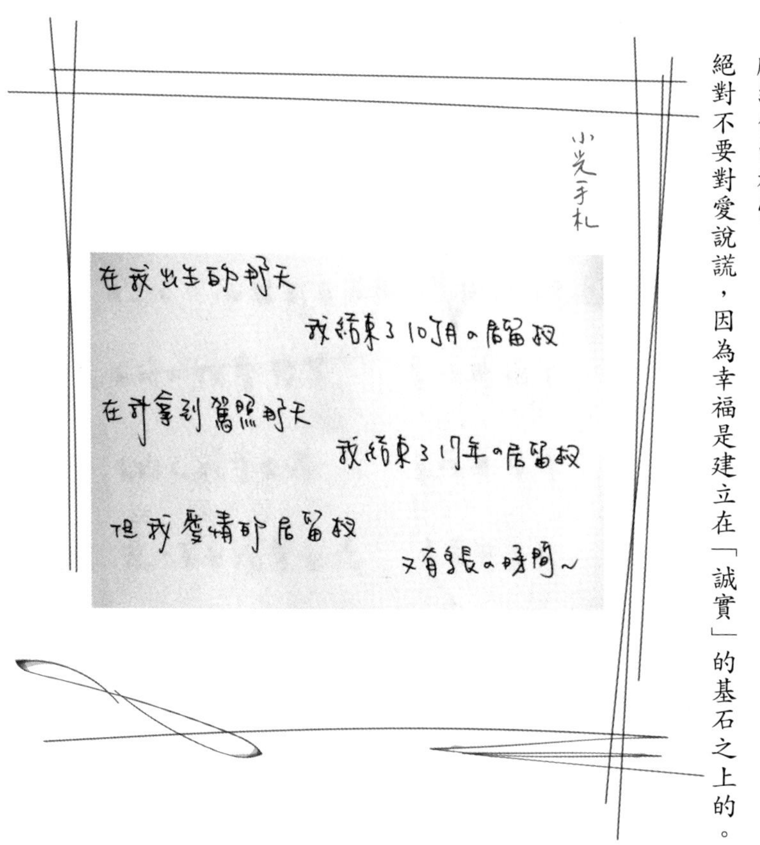

02 誠實面對自己，才能改變他人

「遺憾」的逆襲二：

這世界最大的遺憾，就是我們都在守護「愛」，卻無法溫暖擁抱。

二〇一四年底，我決定從娛樂圈半退下來，開始我人生下個階段，想要努力的重點事項之一：投身同志婚姻平權運動。而我一直在運動中訴求的重點，其實從來都不是同志要不要結婚，而是希望藉由法律的認可，慢慢降低社會大眾對同志的歧視，進而減少自殺悲劇的發生，並給下一代的同志們，一個能真正呼吸的空間。

一開始，我跟小光一起參與伴侶盟的義工活動，在二〇一五年的一個下午走進戶政事務所，然後跟業務承辦人員說：「我們想要登記結婚。」

那個婚當然沒登記成。那是伴侶盟希望大家開始正視「婚姻平權」這個議題。但後來我發現這樣做的影響層面不夠廣，於是我開始運用我原有的娛樂圈人脈，進行一波波的推廣規劃。

娛樂圈一直以來對同志都是極度友善的，我覺得是因為兩個主要原因：第一是娛樂圈有許多優秀的同志，他們的天分與成就讓人刮目相看；第二是娛樂圈的同志很多，大家已經很習慣，而且真的發自內心覺得他們跟一般人並無不同。

所以我將這個議題跟藝人的演唱會內容結合，並研發周邊商品義賣，諸如張惠妹在演唱會中，用一張緩緩展開的大彩虹旗，覆蓋了整個小巨蛋一樓，以及「彩虹旗」的義賣；蔡依林演唱會的「彩虹ＯＫ繃」、「翻糖同志結婚蛋糕」的義賣；林憶蓮演唱會的「彩虹明信片」義賣；謝金燕演唱會中「大彩虹哨子」的呈現……這一切，都是為了提高「同志平權」這個議題的能見度。

二〇一六年八月，我在好朋友陳鎮川先生的大力支持下，讓平權的聲量進入到另一個階段，邀請了媲美金曲獎卡司的十幾位天王、天后共襄盛舉，包含了張惠妹、蔡依林、蔡康永、小S、田馥甄、蕭亞軒、蕭敬騰、楊丞琳、羅志祥、蘇打綠、A-Lin，五月天、劉若英等一起舉辦了為「臺灣伴侶權益推動聯盟」募款的「愛最大」演唱會，並獲得社會支持，一萬張門票在開賣後瞬間秒殺！同年年底舉辦的「相挺為平權，全民撐同志」大遊行，除了臺灣的藝人朋友，我們更邀請到章子怡、李冰冰等藝人，為同志朋友錄製了鼓勵的VCR，將這個要向全世界發聲的運動，又向世界邁開了一大步。

二〇一七年五月「臺灣伴侶權益推動聯盟」舉辦了「二〇一七國際不再恐同日特展」，我們邀請了吳宗憲、吳慷仁、楊謹華、Selina、梁詠琪、彭佳慧、艾怡良等一百一十五位藝人的支持，創作了由藝人們舉牌力挺婚姻平權的照片所組成的巨型「正視牆」，希望大家都能「正視不歧視，尊重分享愛」；同期我們更邀請了華語歌壇八大天后——張惠妹、那英、林憶蓮、蔡健雅、A-Lin、楊丞琳、蕭亞軒、小S世紀合體，為了五月十七日「國際不再恐同日」共同演唱主題曲〈We Are One〉、堪稱史上最華麗陣容。

二〇一八年，在婚姻平權公投前，我們推出了「彩虹V徽章」計劃，邀請了已經結婚成家的六組藝人朋友，包含陶子姐及李李仁、小S、賈靜雯及修杰楷、柯佳嬿及坤達、A-Lin、Ella，錄製影片分享家的真正定義及性平教育的重要。在「金馬獎」酒會上，每位入圍者都獲贈一枚彩虹V徽章，包括國際導演李安、舒淇、邱澤等藝人都公開配戴，表示對同志公投運動的支持。

我之所以投入這些行動，並不是要製造對立與抗爭，而是為了能再提高「同志平權」這個議題的能見度，讓所有不了解的人能夠因為對話而理解，讓所有不習慣的人可以因為這個議題的大量出現，而開始思考，其實同志並不是異類，而是一個跟所有的族群一樣的族群。

我還記得在二〇一七年，那是我跟小光要去歐洲旅行的前三個月，他突然接到爸爸從高雄打來的電話，劈口就問他：「你是不是跟男生結婚了？我還是聽朋友的小孩說的，說你們幾年前在飯店辦婚禮。」

那是小光接下來很慌亂的一星期。

他不想說謊，他對爸爸承認了！他最擔心的是媽媽，他說媽媽是母老虎，才是真正的一家之主。他後來跟媽媽通上了電話，我聽見他在電話裡哭著說：「媽，不要擔心，他對我很好，我很幸福！」

兩個星期後，我跟他一起回高雄家，我跟著他一起叫媽媽。

媽媽笑笑地看著我，她沒說什麼，我想她應該也不知道要說什麼大道理，她只是在飯桌上跟我說：「吃菜！多吃一點！」

我想那就是我的意思，**我想在同志平權運動裡訴求的，一直都不是愛的高低，更不是愛的對立，因為那都不是「愛」的本質。愛的本質是「融合」，是因為愛，而包容了更多的愛。**那是一個愛兒子的母親，因為愛而反對、而掙扎，可是最後也因為愛，而終於接受了兒子的選擇。因為她知道那就是她的心愛之所愛，那就是她的心愛想要的幸福。

很多的反對，是因為不了解，不了解，是因為不常見。而不常見並不是因為真的稀少，

而是因為壓抑著沒有說出來。如果同志們都願意勇敢站出來，讓同志在人群裡、生活裡處處可見，那世人才有機會理解，原來我們真的跟所有的人——那些你覺得很普通的人，其實並無不同。

我們渴望被理解，可是所有改變的發生都不會自然而然，都需要努力，而我們最需要的努力就是要先誠實地面對自己，才能改變他人。如果連我們自己，都覺得自己是奇怪的，那別人憑什麼要認為我們是正常?!

二〇一八年十一月針對同志議題所舉辦的公投，最後出現了六百多萬票對三百多萬票的結果，有一些媒體說這是反同志運動的勝利。

我在那個六百多萬票的勝利裡，看見的並不是失敗，而是那三百多萬個支持。

三十年前，同志還是一個禁忌的話題，而我也的確在那樣的年代裡，六度與死神擦肩而過。

繼二〇一七年大法官會議認定，《民法》不允許同性建立「親密、排他、永久關係」的相關規定違憲後，在這次的公投中，我們又得到了這片土地上三百多萬人的支持。也不過才三十年，這不但是法律的進展，也是社會的進展。

讓我們再給這個社會多一點時間，讓所有的偏見與誤解，有更多的時間被溝通和瞭解。你知道嗎？臺灣女性是在七十年前，才擁有跟男性一樣的投票權，可是現在我們都有女總統了！

同志朋友們，請勇敢站出來！你就是這個世界最美的風景，你就是這個星球最美的光！

二〇一九年的五月二十四日，是臺灣同志婚姻獲得法律認可的第一天。有許多的同志朋友都在這一天結婚。這一天來得並不容易，這是幾十年來許多人的血淚交融與前仆後繼，這並不是一道突然展現的彩虹，這是天空下所有讓人動容的故事，所匯聚的光芒。讓我們一起期待那道最壯闊的彩虹展現，讓我們一起見證「愛最大」那一天的真實到來！

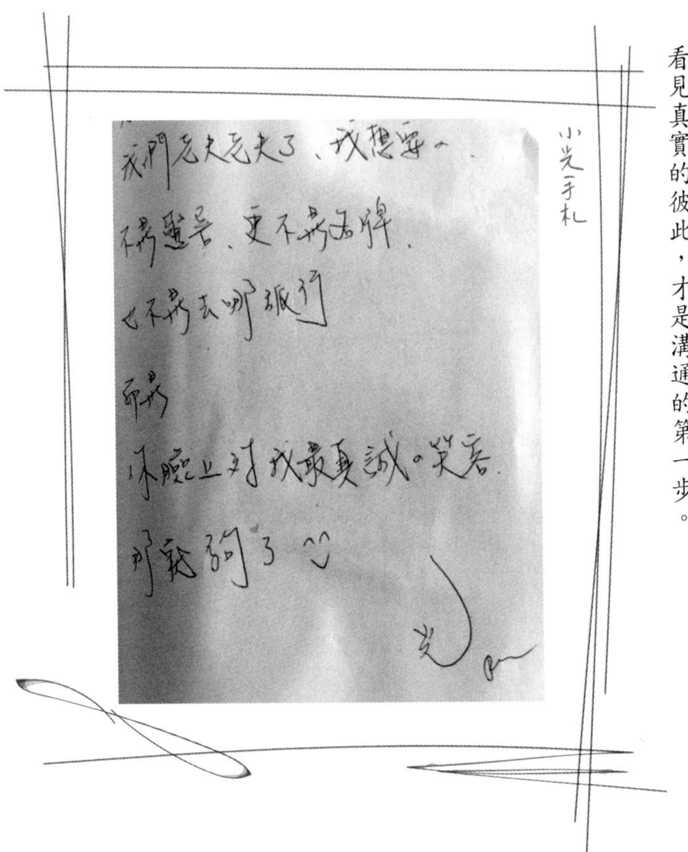

我們老夫老夫了、我想要～
不需要禮物、更不需要名牌、
也不需要去哪旅行
只需要
你臉上對我最真誠的笑容
那就夠了 ^^
光

小光手札

獻給你的禮悟：

要他人理解你，就要先誠實地展現自己。

看見真實的彼此，才是溝通的第一步。

03 愛要的是心靈相通，不是Siri接通

「遺憾」的逆襲三：

我最大的遺憾，是你的遺憾與我有關。

——陳奕迅〈我們〉

我拉開小光的書桌抽屜，看見他的日記本。在一起十六年的歲月裡，我尊重他的隱私權，從來沒看過他的日記。

光，我知道這是我不對，但我真的太想你了！從你溺水後，我尊重你的家人，讓他們接管了你絕大多數的東西，我只留下你的手機和這本我捨不得交出去的日記。

我突然想起我們在一起的第七年，你去巴黎遊學一個月。那是你的夢想，你為了那個

夢想做了好多的計劃：在臺灣的巴黎銀行開戶、學法文、存錢，大費周章地搞了很多事情——那讓我很擔心你會去很久，結果後來你跟我說一個月，我沒說，也實在說不出口，我承認我有點自私，但我真的好開心！我好開心你的夢想只有一個月，而我知道你其實也捨不得離開我太久。

出發前，我硬塞了錢給你，你說不用，你有。我當時是幾乎快翻臉地要你收下來，去國外的危險，你得自己小心，可是我不要你還得擔心錢。光，我承認我很嚴厲，因為我的工作訓練，因為我的處女座個性，可是對你我真的沒轍！我待你好像很嚴，但其實你知道全世界我拿你最沒辦法，就像你才剛飛去巴黎，我就在家裡的客廳感動得哭了……那是你寫給我的一封信，告訴我一個人要小心，要好好照顧自己，感覺好像出國的人是我而不是你。讓我終於忍不住掉眼淚的是你的用心，你說你一共寫了三十封信，藏在家裡的各個角落，你每天會告訴我下一封信藏在哪裡，就像你每天都還在我的身邊，等到全部的信都看完，你就回來了。

光，我當時真的有忍住，我沒有在今天提早去偷看明天的信，在那個手機還沒有智慧、Siri也還沒出生的年代，我可以等，等我的最愛回來。

可是今晚我沒有等，我打開了你的日記，然後流淚讀到天明。

我這才明白，原來這一路我對你的愛，其中有一些對你來說還是苦的，你因為體諒我而沒有說出來。尤其是最後這兩年，因為開餐廳是你的夢想，於是我幫你開了一間餐酒館，我不知道當我們經營理念不同時，原來你都是隱忍地聽我的；我不喜歡你常常喝醉回家，你覺得我不夠體諒，因為對你來說那也是工作裡免不了的部分；我還在日記裡看見了你的惋惜，因為我們的愛太安定了，尤其是後來這兩年，因為忙著餐廳跟家飾館的生意，而不再像從前那樣暖心經營跟製造驚喜。

所有我在日記本裡看見的不足，即便可能只是小光的情緒宣洩，即便細如奈米，都成為我巨大的遺憾。我寫出這件事，是希望能夠提醒每一個正在閱讀的你，如果你也像我一樣終於找到了一個心靈相通的人，請一定要努力讓你們的心靈繼續暢通下去。

心靈相通跟「聰明」無關，跟「互相」有關，是我總是會想到你，而你也總是會想到我。你們一直知道，只有願意先付出，愛才會持續流動；只有先做那個願意勇敢付出的人，才有機會遇見另外一個也勇敢回應你的人。

心靈相通並不是兩個人「個性相同」，而是兩個人都知道「我們並不完美」，所以才會懂得不自我，不認為自己一定都是對的，於是我可以為你改變，而我知道你也正在為我默默地調整著自己。

「互相體諒、彼此調整」，是當時你們心靈相通的鑰匙，那是每一對深愛過的戀人們都曾經一起打造過的鑰匙，卻在打開了幸福的大門後遺落了它，直到下一個階段的大門出現，才心慌地發現原來你們已經有許久不曾拂拭過對方的心靈，不曾傾聽過對方真正的聲音……別在下一道幸福的門前，才驚覺你們已經失去了那把鑰匙。

生活的雜事很多，生命的干擾也從來不曾少過，提醒自己，你那麼努力要的就是幸福，而最真實的幸福一直就在你身邊。好好守護著它，甚至以它為中心，像恆星圍繞著它轉，那才是你真正的，一生不滅的幸福。

科技日新月異，AI智慧一定會改變人類歷史，可是它們永遠無法改變「愛」的本質，愛要的是心靈相通，而不是Siri接通。**一份一百分的感情，一定是兩個用盡全力，各自做了一百五十分的人，才會擁有的結果。**

「有時候我都不太了解我自己，我覺得你比較了解我。有時候我覺得我說得過你，只是我不想辯。有時好想什麼都不說，跟你緊緊地抱著，什麼也都不重要了，只要我們抱著的時候，心還跳著……」

那是日記裡的一篇，那是一整晚的後來，我一直盯著看的一章。畫面裡是我們的曾經，那是你有天指著胸口剛刺好的法文刺青對我說，這是法文「有人住在這裡」的意思。

光，你的腦細胞受了重傷，但我會讓你一直住在我的十億個腦細胞裡。

我知道你一直保留那個位置給我，在你胸口那個靠近心臟的位置，我也會一直住在那裡，那裡就是我永遠的家。

獻給你的禮悟：

改變需要以「改變」做為起點，做那個在兩人關係裡率先改變的人。

互相體諒、彼此調整，才能讓愛一直保持連線。

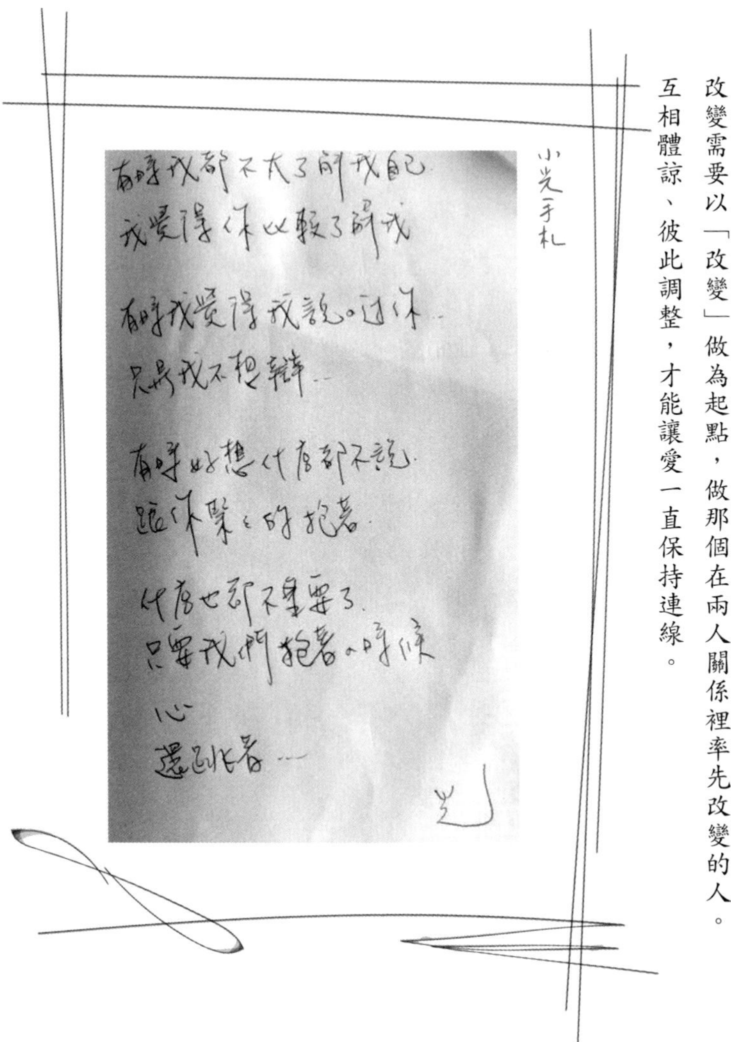

小光手札

有時我都不太了解我自己

我覺得你比較了解我

有時我覺得我說的過你…

只是我不想辯…

有時好想什麼都不說

跟你緊緊的抱著

什麼也都不重要了

只要我們抱著的時候

心

還跳著…

光

04 愛能否一輩子要看兩個人的緣分，珍惜愛的日常卻是你做得到的本分

「遺憾」的逆襲四：
要怎麼做，才能在愛裡，了無遺憾？

「緣分這事，能『不負對方』就好，想『不負此生』真的很難。這些，可能得等你們老了，才能體會得到。」當我聽見電影《後來的我們》裡的老爸爸這麼說的時候，眼眶就紅了……

是的，我懂，我不用等到老了就懂了。

五分鐘前，我跟小光還開心地在遊艇上喝啤酒，也不過在五分鐘後，這輩子就再也沒有

機會跟他說話了。近二年了，還是有一種是不是在作夢的感覺。

人的一生要經歷的事情那麼多，我們絕不可能面面俱到，周全到所有的緣分。可是在那些人、事的洪流裡，竟然還可以遇見那個跟你彼此深愛的人，那該是多大的福分啊！

我知道小光就是我此生的「那個人」。我們的「相遇」，就是我這輩子最大的福氣。

我一直記得，第一次遇見他的樣子，那晚他站在酒吧的舞池裡看起來呆呆的。

後來，我開車送他回家，他下車關上車門，說了聲「謝謝」感覺就要跑開，我喊住他問：「嗯～就這樣？」

謝謝你，光，謝謝你後來用了十六年的光陰證明，我們真的不是只有那樣。

那是後來我們一起把「喜歡」延續成「愛」，又努力地把「愛」過成了「生活」。我年輕時的夢想是希望將來能有衣食無虞的生活，過沒有煩惱的日子，去任何想去的地方，但自從遇見了你，就只想互相陪伴，因為世界太遼闊，只有你能讓我安定。

我知道自己有好多缺點，可是也因為那些缺點，讓我更確定你就是那個「對的人」，因為在你面前，我從來都不需要假裝，只要做好自己，你都不會嫌棄。你不是只有包容我，更了解我，許多事情就算我沒說，你也都了解。我最安心的是每當我回頭看你，你總是會給我的那個關懷的眼神，讓我知道這世界永遠都有一個支持我的人，正跟著我一起往同一個方向前進。

我們十六年的路，也不是都風平浪靜，也曾經一起經歷過許多風雨，甚至好幾次瘋狂大吵，可是即便吵成那樣，就算我們在盛怒下各自跑得再遠，也只要一分鐘的冷靜，我們就動搖了，因為我們是真的那麼在乎著彼此。

這一路，我們願意為愛而做的努力，從無需置疑，於是我幾乎已經忘記去懷疑「一輩子」這樣的問題，我以為我們一定會在一起「一輩子」！卻忘了計算，原來還有我們跨不過的天險，也只要一個命運的無常，就可以毀掉我們自以為可以的「一輩子」。

事實是，你跟你愛的人可以在一起的時間，永遠比你想像得還要短。

不要等以後，不要等忙完再說，我們總以為可以規劃時間，卻往往最後才扼腕地發現，時間從不等人！尤其是那些，你心愛的人。

如果，我們從來都無法改變命運，無法主宰一份愛究竟能夠有多長？那請讓我們更珍惜每一個日常，把跟心愛的人的每一個分秒，都當成是生命裡最重要的時刻來對待跟珍惜。

生活裡的細節很多，讓我們都別被那些瑣碎的情緒絆倒，兩個人要能夠持續前進，最重要的就是不要忘記當時相愛的初衷。你「喜歡」他，是因為他的某些特質，後來即便你發現他還有那些你不欣賞的特質，可是你還是愛，那才是「愛」的真諦。

生命裡最悲傷的事，就是你沒有在他好好的時候，跟他說，他對你有多重要；生命裡最無力的事，就是你就算散盡財富，也無法買回你的悲傷和遺憾。

光，我這一生，關於愛的記憶有許多，印象最深刻的卻不是跟你在巴黎花神咖啡館喝的那杯咖啡，而是我每天晚上回家，你親手為我煮的那碗熱湯。

這一世，最常在我心底回放的愛的記憶，並不是和你看過的煙火，而是和你共過的日常。

雖然這一生，我們沒有六十年的緣分，但我會好好珍惜這十六年的記憶，從我在酒吧裡遇見你的那一眼開始，就是幸福時光的倒數計時……

這世界的每一場幸福，從你們的相遇開始，都正在倒數計時。別在失去後才發現，原來你最懷念的，是那些你原本毫不在意的日常。

願你們都能珍惜愛的日常，這一生，不負對方。

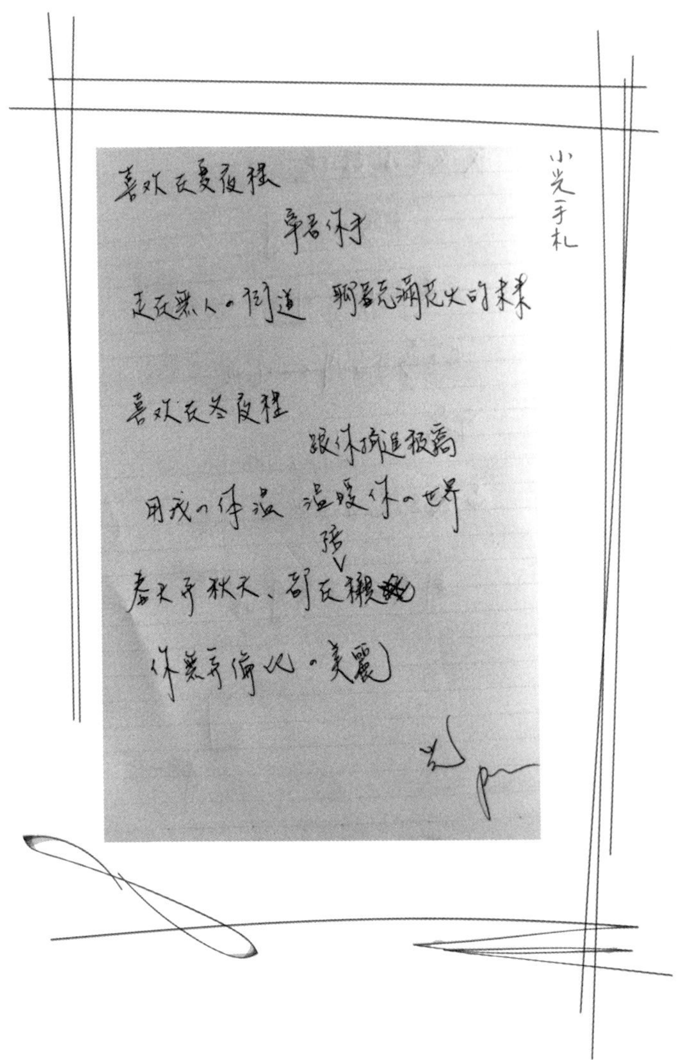

喜欢在夏夜裡
牽著你手
走在無人の街道 聊著充滿花火的未來

喜欢在冬夜裡
跟你擠進被窩
用我の體溫 溫暖你の世界

春天與秋天、都在陪襯
你無與倫比の美麗

小光手札

獻給你的禮悟：

別在失去後才發現，原來你最懷念的，是那些你原本毫不在意的日常。

05 活著就會不斷地失去，面對它，「減法」會變「加法」

「遺憾」的逆襲五：
生離，也許我們可以努力學會祝福。
死別，卻是心永遠無法修補的裂縫。

我生命中第一次面對的死亡，是二十歲那年父親的離世。沒有事發的前兆、也沒有心理準備，一場感冒併發了急性肺炎，爸爸三天後就離開了我們。

接下來是我努力長大的歲月，在那些成長的過程裡，每隔幾年，就會面對一次死亡，包括親人、陪伴我的寵物，幾年前好朋友申東靖的離世，更是讓我心痛。

申東靖是我和小光共同的好朋友，在他剛去世的那段時間，我跟小光就討論過，如果我們之中有一個人先走了，另外留下的那個人，一定要替對方好好地活著。

跟其他的討論不同，關於「死亡」後的結論，我們總是很容易會隨著時間而淡忘；又或者，是因為我們在潛意識裡抗拒死亡，所以會啓動「遺忘模式」，我們希望那場「失去」的痛苦，能盡快過去。直到，下一次的「失去」無可避免地再度發生，於是我們又再次進入傷心的輪迴，每一次都那麼痛苦，每一次都同樣無力。

於是當有人說：「活著就是不斷『失去』的過程。」對照我們的人生經驗，還有我們突然被喚起的遺憾，我們必須承認這個說法很對，但承認這個說法並不會讓我們覺得寬慰，相反地只會讓我們更遺憾，因為我們在那個失去的過程裡，一籌莫展。

直到這次因為小光溺水成為植物人，直到我面對了生命裡最怵目驚心的失去，我們兩個曾經討論過死亡的畫面，突然又浮現在腦海……後來，我甚至又在小光的日記裡看見了這樣的筆記，彷彿是他，更像是命運對我的再次提醒：

「如果有一天，我們誰不在了，都要勇敢活下去。不要讓彼此，因為被遺忘，又死一次。

Love forever! 小光」

從前，甚至在事件剛發生的初期，當我看見這樣的筆記，一定會把重點放在「不在了」，因為不在了很讓人傷心；後來我開始看見的是「勇敢」，因為我需要勇敢才能面對失去；可是現在我終於懂得把重點放在「Love forever!」我現在思考的，是該如何讓這份深刻的愛延續下去？

是善待自己，讓自己健康，好讓失去的摯愛安心；又或者，是把對方一直放在心上，從此合而為一，跟我去將來我所能走到的每一步，陪我去看我想帶你去看的每個地方。

把我對你的愛，繼續交給這個世界——這是我後來想到最恆久保存這份愛的方式，是我不只愛你，也可以將我對你的愛，奉獻給這個世界。讓我在幫助別人的時候，清楚地知道

這個動念是來自於你，於是我也能感受到你的愛，仍圍繞著我。這就是我後來終於找到存活在沒有你的世界，卻依然可以帶著你的愛前進的方式。

的確，活著就是不斷「失去」的過程。從前，我總以為那就是人生不變的減法，後來我才明白**如果我可以不只緬懷那份愛，更將那份愛傳遞出去，那份愛就永遠不會消失，甚至還可以因為這樣的傳遞，而擴大成更大的範圍，於是，生命的「減法」就會變成「加法」，於是那些失去，也可以在每一個愛所能到達的地方，再復活起來。**

「我答應你。」這是我在闔上你的日記後，用我的心傳遞給你的回答。

我會勇敢，我會好好照顧自己。我會帶著你的愛繼續走得精彩，Love forever!

獻給你的禮悟：
一直放在心上的，就永遠不會失去；
一旦被心認定的，就成為真的事實。

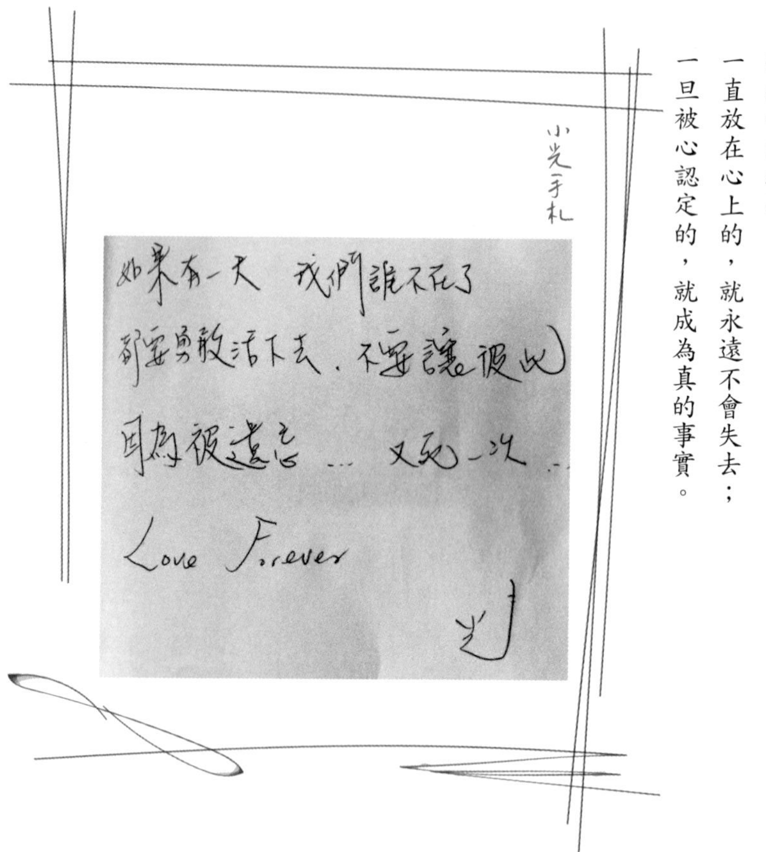

06 重新定義「悲傷」的意義，明白「愛」的真義

「遺憾」的逆襲六：

我所走過路程最遠的悲傷，是瞬間失去你的遺憾。

假裝已經走出悲傷，是對身邊那些愛你的人最好的方式，是嗎？

小光出事後的那一年，身邊關心我的朋友，總是勸我說：「要往前走啊！」「一切都會有最好的安排！」說真的，就算相信命運天註定，也無法減輕我半點痛苦。所以在頭一年，與其向不了解的人說明我是悲傷難民，不如直接說「I am OK」，假裝一切都好了，簡單多了。

我努力讓自己看起來很正常，沒有人知道在我的腦袋裡，隨時都可能重新上映著那場事

發當時的電影，再加上我後續的剪輯——我無限延伸著可能會發生的更可怕的狀況，而且這次，我不允許自己再有任何分秒的鬆懈，嚴厲地預演著各種情況的應對計劃……一次又一次，那不是訓練有素的軍隊演習，那是我心底的鬼哭神號，沒有言語能夠形容。

我不想要悲傷，也奮力地想走出悲傷，可是當我越想把悲傷拋諸身後，就發現它越尾隨著我；越想模糊它的意義，它就越容易以各種形態充斥在我的生活。於是我終於開始練習正視悲傷的真相，我必須先知道它的樣子，才知道該如何應對它。既然逃不了、躲不掉，我只能學著共存或重新定義悲傷的意義。

悲傷是「失去的自然反應」。不用害怕或討厭悲傷，因為那是每個人都會面對的。生命中大多數的悲傷，很像流感，會大病一場，可是最後會復原，甚至因此而產生某些抵抗力。可是也有一些悲傷會像失去手腳，如撕裂般劇痛，雖然最後還是會復原，但永遠無法再長出新的手腳，那就是終生的遺憾。

悲傷是「愛最殘忍的呈現」，是你曾經在一份美好的愛裡，當你突然失去，你發現人生原本的規劃都化為烏有，所有你努力架構的世界都崩裂瓦解。於是，曾經溫柔的愛，會開始它最殘酷的反撲！你想過要逃避，但生活中卻又到處充滿著對方的回憶，每一個都像是愛的地雷，讓你無處可逃。可是換個角度想，這些地雷，又何嘗不是我們曾經愛過的證據呢？於是我們傷心並且緬懷，想逃離卻又暗自沉溺，那就是「悲傷」與「愛」經常輪番上場的雙人舞，讓我們在失去的路上，痛並快樂著。

每天早上在床上醒來，我都會習慣性地往左看，卻總是沒有你。去看你跟你說hi，你卻總盯著天花板，連一眼都不看我。每次在你耳邊講悄悄話，卻像打到無聲牆般地沒有回音。我終於明白，**世上最遙遠的距離，不是生離死別，而是我們的連結——既非生也非死，既像生也像死。**

每個人的心痛都不相同，可是歷程卻很相似，我們都是跟那場心痛亦敵亦友了多久，自以為走出來卻發現又失敗了多少次，彷彿跟世界脫了節之後才突然理解了，**我們真正需要鍛鍊的勇氣，並不是去克服難關或粉飾太平，而是「一直」站在那裡面對真相。**

不壓抑、不否認你的悲傷，因為所有的痛都是來自於一份最真摯的愛；學習陪伴自己，不勉強自己回復到別人期待的社交表現；對朋友說出真相，讓自己不被悲傷吞噬；努力讓談論痛苦跟快樂，都一樣自然。努力讓自己相信，每天發生好事與壞事的機率是一樣的；最後請記得對自己仁慈，對自己寬容，照顧好自己的身體，因為一個健康的身體，才是復原的基石。

悲傷是「沒有時程階段的」，悲傷這種「傷」，不像其他的傷，它沒有一定的復原時程，也沒有特效藥可以治療，所以不用倉促地尋找救贖；悲傷更「不是疾病」，它代表你真的懂得愛。所有你正在做的，並不是逃離它，而是在這場慢慢走來的過程裡，耐心地體會這份愛，最後要對你產生的回饋。

悲傷的人需要的並不是被治癒，他們最需要的是「支持」。如果你身邊正有一位走在悲傷中的朋友，請告訴他，你在這裡，你很愛他，很願意傾聽，其實這就是對他最大的支持與安慰。

是的，我仍走在悲傷裡，有很多的新生正在長成，也有許多的崩壞正在褪去，我曾經也想一步就跨越或者逃離，但現在我已經知道，**走在壞死後的新皮之上，和曾經的殘缺融合，才是面對悲傷，最好的解藥。**

終於，我明白了悲傷的真義：從前，我因為「失去」而悲傷，後來我懂了那場悲傷是來自於一份真愛，那才是我最珍貴的「獲得」；**從前，我以為所有的「毀滅」都等同於失去，後來我才明白原來那場愛已經融入了我的生命，成為了「永恆」的美好。**

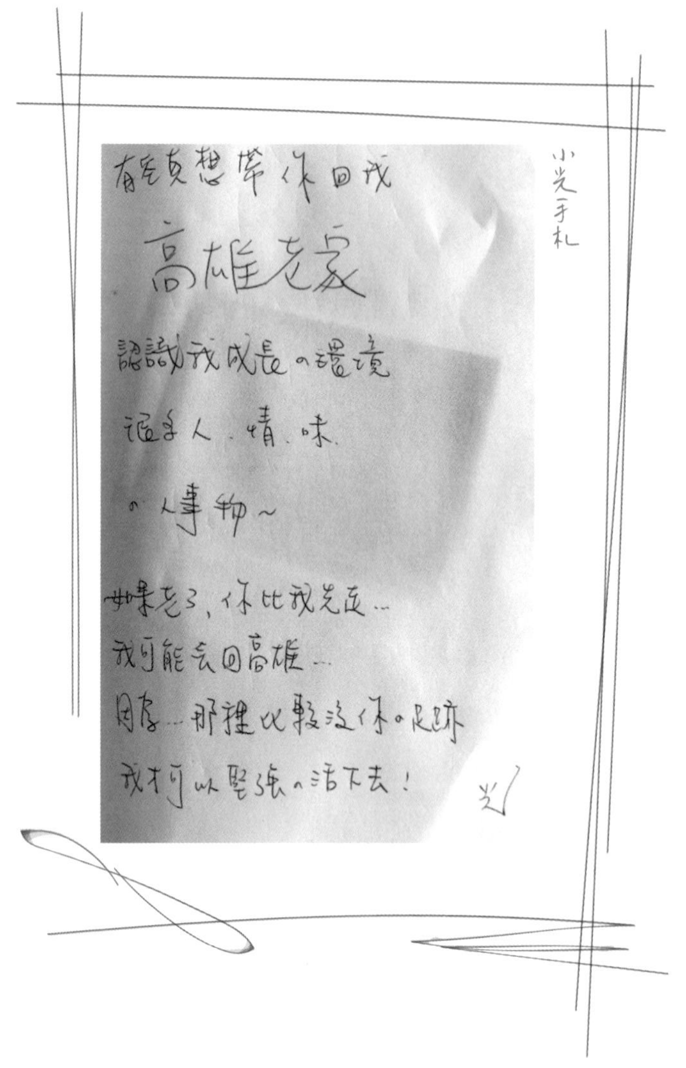

小光手札

有空真想帶你回我

高雄老家

認識我成長の環境

這多人、情、味

の人事物～

如果老了，你比我先走…

我可能会回高雄…

因為…那裡比較沒你の足跡

我才可以堅強の活下去！

光

獻給你的禮悟：

悲傷沒有特效藥，唯一有效的療程是學習不壓抑，跟一顆寬容陪伴自己的心。

幸福是建立在誠實的基石上，讓我們永遠不對愛說謊。

「愛最大」演唱會及「不再恐同」特展，所有參與的一百多位藝人，謝謝你們讓我們真的相信「愛最大」！

謝謝挺同公投的銀色夫妻們，是你們給了同志繼續努力的力量。

謝謝你，除了一天一封的三十封信，你還錄製了自彈自唱曲，從巴黎寄回來，讓我們即使隔了千萬里，心始終是在一起的。

愛的日常，比世界所有的美食都更美味。

我最愛的弟弟申東靖，你永遠不會被遺忘。

當愛已融入了血液，悲傷就不再是悲傷了。

PART E

孤獨的禮悟

——別畏懼孤獨，它能讓你聽到自己最真實的聲音。

01 學會孤獨的思考，才能長出心靈的手腳

「孤獨」的逆襲一：

小孩子的時候害怕孤獨。後來我們長大，當我們又面對生命中的孤獨時刻，才發現自己，原來還脆弱地像個孩子。

曾經從「兩個人」回到「一個人」的狀態的人，應該都懂得我所說的「孤獨」。而且，我們不是漸漸淡出彼此的人生，我們是突然從生命失聯。而我也不只是從兩個人變成一個人，我是突然失去了一個「家」，突然失去了我已經擁有了十六年的生活。

小光出事之後，我便是徹底的「一個人」——不只是「生活」上的一個人，也是「心靈」上的一個人：一個人吃飯、一個人發呆、一個人哭、一個人恐懼，無法讓任何人參與。

也不是沒試過要讓自己逃離孤獨，只是每次試著放開自己，參與社交互動，就只是更突顯了自己在人去樓空後的心靈匱乏，會更慌張得無法思考。

就這樣走了一年多，直到我走上了西藏「轉山」的路程，才發現，原來孤獨還有程度之分，還有孤獨裡的更孤獨。「千山鳥飛絕，萬徑人蹤滅」這句從前在書裡讀過的詩，我在海拔五千七百公尺的卓瑪拉埡口看見了它的意象。當世界安靜得只剩下自己的呼吸聲，當呼吸變成你在緩慢前進裡唯一重要的事，那就是孤獨之最——整座山、整個世界，你只剩下自己……可是我竟然也在那一步一步裡，看見天地間渺小的自己，漸漸地縮小、再縮小，縮小到你會只看見自己的心。

這是我事後回想才能理出的邏輯，那趟「轉山」之行對我來說的諸多挑戰：從一開始就發作的高山症，到後來因為腸胃不習慣當地飲食而不停地拉肚子，最後我連嘴脣都腫起來，甚至全身的皮膚還發黑，在挑戰那些磨難的過程中，反而讓我明白了，「轉山」鍛鍊的不只是體力，更是我的意志。我能否平靜以對人生中每一個轉彎的「崎嶇」，重新歸零！進而了解旅行的意義，不在於美景，而在於擁有「心」的眼界。

只有當我們勇敢走進孤獨，才能看清楚自己的心。快樂、熱鬧沒有不好，可是只有孤獨才能讓我們真正一個人地思考，想想你從何處而來？又希望去向何處？此刻，我從生命的低谷而來，而我正匍匐在諸山群峰之間，這一路風景有時陰鬱晦暗，卻也只要一個轉彎便可能又燦爛千陽，這條「轉山」的路，又何嘗不是我們的人生之路？想知道前方還有什麼樣的風景？好奇著人生還可能有如何的接下來？那就繼續努力爬上去吧！

只有當我們真的走進孤獨，才能看清楚自己擁有的，並且學會珍惜。我在高山上極度克難的生活環境裡，突然懷念起臺北方便的生活。在那個刻苦的環境裡，親眼目睹著那些以「三跪九叩」的苦行姿勢前進，臉上卻依然充滿喜樂的人們。在那一片絕靜的孤獨裡，我是真的聽見了，我的心在跟自己說：其實你很富有，你從來都沒有失去，你擁有的是那十六年最珍貴的回憶。

孤獨是每個人一生的必經之路。它就像生命的「轉山」，當我們真的學會了不依賴外力、不憑藉他人，我們才能在每個生命的轉折之處，帶著新的體會，重新出發。

雖然不一定能馬上找到解答，因為這世界不是所有的人事物，都能找到答案。可是我們會在尋找答案的過程中，漸漸成長。**「成長」才是生命中最重要的事情，因為只有在一次又一次的成長裡，我們才能真的理解，世事本來就不能盡如人意，放下執著順著走，才能在每一次的人生逆境中，找到新的出口。**

世界不複雜，是我們的心複雜，讓我們在孤獨的思考裡，釐清人生該有的「放下」。「放下」跟「拋下」不同，拋下是不管，可是放下是為了前進——**先做你能做的，持續地向前。前進是人生最重要的事情，因為只有前進，你才能看見更美的風景；因為只有前進，我們才有機會知道眼前的這個轉折，原來對我們後來的人生，有多麼的必要而珍貴。**

學會孤獨的思考，讓困頓已久的心，長出強壯的手腳，讓我們在珍貴的人生裡，走更遠的路，爬上更高的山，然後安靜地坐下來，在眼前的那一片風景裡，在四周的那一片靜謐之中，喜悅地告訴自己，這一切，都是源自於孤獨的力量！

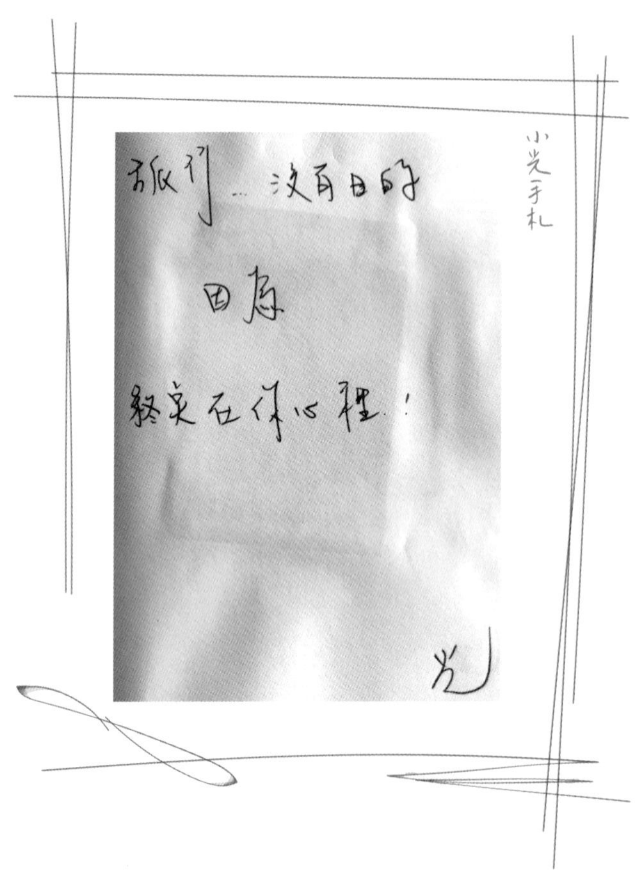

獻給你的禮悟：

只有勇敢走進孤獨，你才能更接近自己的心，釐清什麼該放下，什麼該繼續提起前進。

02 有愛就有痛，但也只有愛能治癒傷痛

「孤獨」的逆襲二：
一朝遺憾，一生向海。
一夕折翼，一世孤獨。

跟小光在一起的這十六年來，我們一直有一個習慣，就是每天一定要在睡覺前互道晚安。就算有時候因為工作而必須一個人飛向遠方，即便有再大的時差，也會在睡覺前跟彼此說晚安。所以有時候，我一天會說兩次晚安。

在失去那聲「晚安」的日子以來，我開始有了「睡眠障礙」，然後在那些睡不著的夜晚裡，也開始出現了「目標障礙」——當那個美好的世界在瞬間崩塌，當我生命中最想要一

起分享的人，已經無法再跟我一起分享，那我還要努力什麼呢?!

分不清是在第幾個孤獨無眠的夜，我聽見那句話在我的耳邊輕輕響起：「痛，是因為深深愛過。」突然，我便欣然收下這所有的痛苦。是的，我有多痛，全是因為我有多愛過。

當你找到受苦的意義，那痛苦便不再是痛苦了。

而我也不再急著去消除這個痛苦，因為無法，正如我對你的愛，永遠不會消失那樣。

然後我也才逐漸在接下來的夜裡，漸漸想明白了。人生沒有標準答案，從前我曾經努力追求的成功，也就是所謂的功名利祿，是我真正想要的嗎？如果是，那為什麼現在它們對我來說，已經不再是最重要的選項了？

從小到大被社會教育的所謂「成功」跟「幸福」的規範，我從來不曾懷疑過，也努力去追求過，卻直到年近半百，才突然想問自己：這就是你要的嗎？他們真的是你幸福快樂的原因嗎？如果是，那為什麼我覺得就算此刻給我再大的錢財跟成功，我也不會幸福呢？

我才發現，自己被太多框架綁住，而我從未活得自由。

「成功」的定義，不應該只是出類拔萃，而是你可以隨時保持醒覺，去回應生命的課題；「幸福」的標準，也不應該只是發大財追求物慾，而是你願意不斷探索自己，直到悟出自己真心想要的真相，用力去愛，你才會感受到真正的幸福。

我看過很多有錢人，可是他們並不幸福。物質會讓我們快樂，可是只有「愛」才會讓我們幸福。

是的，「愛」是如此美好的事，它是這個世界美好的關鍵。當擁有愛，我們會覺得富足，當失去愛，我們便覺得失去所有，覺得痛苦——我們日復一日地活在這個框架裡，直到我們學會把愛的美好放在曾經擁有，而不是終生廝守，我們才讓愛這個字，真的有了「永恆」的意義。

生命的重點，不是結果而是探索。因為結果只是一剎那，而探索才是真正的一輩子。我們在成長中失去，也在失去中成長。我們永遠無法回到過去，所以我們才更要努力讓愛有新的開始。

要讓愛真的再開始，並不是要遺忘過去，更不是急著去找另外的愛來取代，而是要讓那份感情換成另外一種方式，繼續參與你的將來。

要記得一個人不該是靠悲傷，而是要把他的愛，繼續活在未來的日子裡，因為你並沒有失去，他已經成為你的一部分。

所以我才會決定成立「愛最大慈善光協會」希望能把我想給你的愛，分享給需要的人。如果將來有人受惠，我也一定要很大聲地告訴別人，這一切，都是源自於我的愛人小光。

有愛就有痛，但也只有愛能治癒傷痛，而那份愛並不是來自於他人，而是那份美好的愛的再一次延續——去幫助同樣受傷的人，讓自己的傷有價值。讓我們的付出，因為看見別人的改善，最後再讓喜悅回到我們自己，完成我們對自己的療癒。

「晚安！」從此我會在睡覺前說，對你說，也是你在對我說。

說好了，從前，從此，我們從不會真的分開，而我們也必定終將重逢。

獻給你的禮悟：

帶著那些愛的美好記憶，一起走向未來。

讓「愛」這個字，從此有了「永恆」的意義。

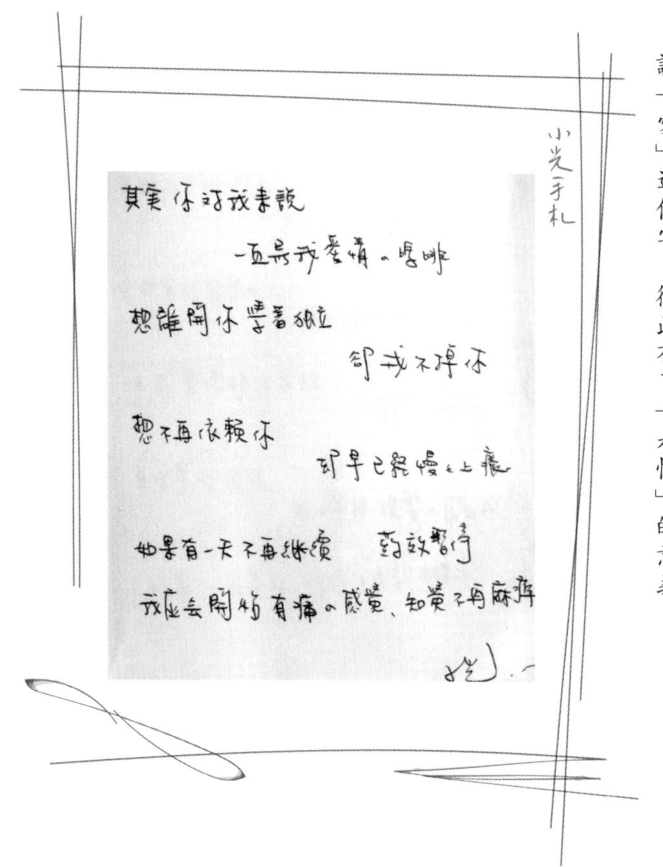

小光手札

其実 你対我来說

一直是我愛情の嗎啡

想離開你學著独立

卻戒不掉你

想不再依賴你

卻早已經慢慢上癮

如果有一天不再繼續　藥效暫停

我應会開始有痛の感覚、知覚不再麻痺

03 跟自己對話，找到自己的「潛臺詞」，「真的自己」才會出現

「孤獨」的逆襲三：
最孤獨的，是連自己，都被自己蒙在鼓裡。

一部經典的電影，裡面一定會有幾句經典的臺詞，而它們之所以讓人難忘，經常是因為發自內心，真摯誠實。

如果你也希望自己的人生是雋永的，那你最經典的那幾句臺詞是什麼？什麼才是你最真誠、發自內心的那幾句「潛臺詞」？

還是你也跟從前的我一樣，忙著努力去成功，也忙著享受成功的果實，然後忘記去找漸

漸被自己埋在心中的那幾句人生「潛臺詞」。

要找到對的答案，要先會問對的問題。**每個人的人生都不一樣，所以每個人的「潛臺詞」也不會相同。不要人云亦云，不要被社會既有的框架綁架，而是能夠真的安靜下來，好好地問自己。**

這是我在經歷這一切之後，開始跟自己的對話。在做許多的決定之前，我開始會問自己：「我為什麼要做這件事情呢？」「這真的是我要的，而且是一直會有熱情的事情嗎？」「做這件事，會帶來更有意義的生活嗎？」「我是否真的誠實地回答自己了？」

從承認自己「無知」開始，去挖掘出你內心真正的潛臺詞，會比較容易成功。不武裝自己，不因循過往的經驗，接受這個世界的知識浩瀚，而我們的所知極其有限而且狹隘。讓你的內心保持開放，讓任何一個課題，都可以跟自己進行良性的溝通。

在尋找你的潛臺詞的過程裡，找到更多你跟自己的聯繫，確認什麼才是你真正想要的人生？什麼是你生命裡最重要的事情？什麼事才值得你努力一生？當你越來越確定這些答案，當你真的挖掘出來這些被隱藏在心底的「潛臺詞」，你就看見了真的自己。

在找到你的潛臺詞後，更重要的，是去讓那些臺詞成真，真的成為你人生的實景。就以我此刻的潛臺詞來說：「現階段我最想要的，就是讓自己的身心靈持續地成長。」我真正去實現它的方法，就是生命裡不容小覷的「累積的力量」。

你願不願意每天投資一個小時，去讓自己的潛臺詞真的成真？現在的我，就是在那個每天給自己的一個小時裡，去完成這樣的配置：十五分鐘健身（身）；十五分鐘學好五句英文、十五分鐘看一本好書（心）；十五分鐘打坐思考（靈）——別小看這一個小時，如此一年，就會看到因為「累積」而產生的巨大效果：除了讓身體更健康，並且多學會了一千八百二十五句英文句子，還有至少讀了十本讓我心靈豐富的好書，到打坐靜思所完成的生命演化。

別浪費時間在空轉，更別等到走到目標了，才發現那不是自己真正想要的。

讓我們在生命的過程裡，不停歇地去發覺自己的潛臺詞；讓我們人生的每一步，都走在

自己真正想去的路上。

不斷地反思和修正你所找到的潛臺詞，讓那個真實的自己能更自在地顯現。把珍貴的時間用來提升自己，善用「累積」的力量，去完成真的收穫，讓心之所想，都不是空想，最後都得以被實現。

每一個人的人生，都應該是一部獨特的電影，而唯一能夠讓它獨特的人，就是你自己。

要如何讓它獨特呢？

就從那幾句最特別的「潛臺詞」開始吧！

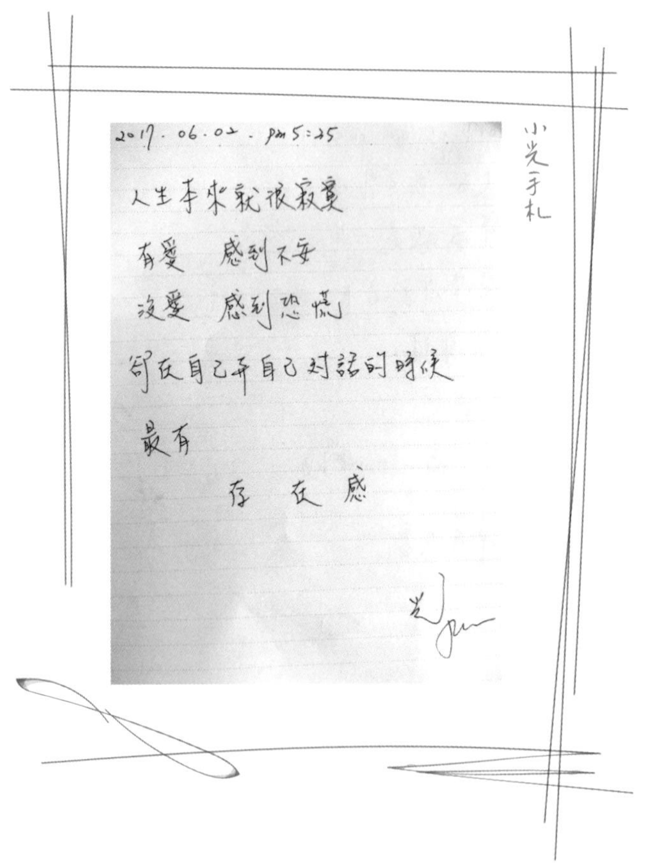

2017.06.02. pm 5:25

小光手札

人生本來就很寂寞

有愛　感到不安

沒愛　感到恐慌

當在自己和自己对話的時候

最有

存在感

獻給你的禮悟：

開始跟自己安靜的對話吧！不武裝、誠實地問自己：

什麼才是你生命裡最重要的事？這是每個人一生的功課。

04 不放棄任何一個當貴人的機會，因為你同時也在累積你的貴人

「孤獨」的逆襲四：
要如何才不會一直都是孤軍奮鬥，要怎麼做才會有「貴人相助」呢？

我跟朋友正在聊天，突然間手機響起，我看了一下來電者姓名，是一個不太熟的朋友，我接了電話，回覆他問我的一些問題。

「蔣哥，你好像誰的忙都會幫，這樣會不會忙不完啊？」坐在對面的朋友對我說。

這位經常在我身邊的朋友，突然點出了這個事實。好像是耶！我幾乎能幫的忙都會幫——好朋友的忙，一定要幫！至於那些不算熟的，甚至是沒見過面的「好朋友的朋友

們」，我好像也都會在能力所及的範圍內，盡量幫忙。

大多數都是小忙，或者對我來說，都不是太困難的事情。也許，我真的能力還不差，也許是因為可以運用的資源夠多，所以這些年來還真的被諮詢了許多的疑難雜症，也盡力去做到使命必達。

我聽過許多獨善其身的說法，像「懂得說不，才能捍衛自己的人生」、「懂得拒絕，才能活得不糾結」諸如此類的道理。你可以說我雞婆，我接受。但我是真心認為幫助別人，最大的受益者其實是自己。

我最基本的受益是「學習」，在幫別人的過程裡，自己也有好多新的理解和學會，像幫朋友看合約、看房子，最近答應去大學教課……像這些事情都讓我學會好多知識，不但讓自己又充電了，當自己下次也遇到類似狀況的時候，都可以更有經驗。

我內心的受益是更懂得「借鏡」跟「珍惜」。尤其是在面對人生變故或是感情類的諮詢的時候，經常就像拿著一面鏡子在看著自己，當我理解別人的故事越多，便越會警惕自己，不要犯相同的錯。也因此更了解，人生許多的遺憾即便我們是無心犯下，但事後一樣要付出代價，而且往往越無心，事後的歉疚就越深，所以才更要在平常就提醒自己，一定要珍惜此刻擁有的各種關係。

我幫助別人，最大的受益是我在遭逢小光的變故後，在我最孤獨無助的這段時光裡，得到了大家更多的幫助。從我在臉書上發出協尋醫療專機的求救開始，到後來對小光的許多診治，甚至是我自己的身心狀況，我得到了太多人的協助——其中有很好的朋友，也有一些只是朋友的朋友，甚至有一些是我在平常沒有機會來往的人，他們對我紛紛伸出的援手，我將終身感謝；尤其是幾位非常忙碌的人，像張小燕小姐、陳藹玲小姐、張清芳小姐、蔡康永先生，還有一直在撐著我的陳鎮川先生，他們對我提供了無私的幫助，他們的善意、溫暖還有慈悲，就像人間的菩薩。

貴人不一定要長時間地付出，有時只是舉手之勞就能夠對別人產生極大的幫助，甚至讓對方感受到無比的溫暖跟正面的能量。那些出現在我們生命中的貴人，不僅提供我們實質的幫助，更豐富了我們生命的厚度，讓我們理解，你在這個世界，從來都不是只有一個人，在這個世界，還有那麼多人，願意在黑暗中為你點亮希望的燈。

貴人一定都是時間很貴的人，因為他們都是用自己生命中的時間來幫助你。人生不一定都是喜劇電影，不一定每件事情都會有完美的結局，有些事註定是徒勞無功的，但請讓我們記得感謝在這一路出現過的貴人們，因為沒有人必須要這樣做。

不放棄任何一個當貴人的機會，因為你同時也在累積你的貴人。我從前只是喜歡，現在是更深刻地體會了這個道理。

就像肯吃虧的人最後一定不會吃虧，肯認輸的人最後一定不會輸。因為「付出」後的快樂，就像將香水噴撒在別人身上，你自己也可以享受到香味。**施比受不一定更有福，但絕對心更富，因為你會一直得到的，是用金錢也買不到的快樂。**

跟朋友分開後，我走在忠孝東路上，今天的夕陽好美，我已經很久不曾這樣看著夕陽，然後我在心底說：「親愛的，謝謝你。」

因為你才讓我更明白，對需要幫助的人伸出援手有多重要。我永遠不會忘記，在Ibiza的沙灘上，對我們伸出援手，幫你做人工呼吸的那個人的臉，我會永遠謙卑地記得，我們當時的無助還有渺小，我會繼續努力，去幫助任何需要幫助的人，將曾經覆蓋過我們的溫暖，化成善念，不斷地擴散出去。

謝謝你，教會我懂得了「愛」的真義。

原來，你也是我的貴人。

獻給你的禮悟：

肯吃虧的人最後一定不會吃虧；

施比受不一定更有福，但絕對心更富。

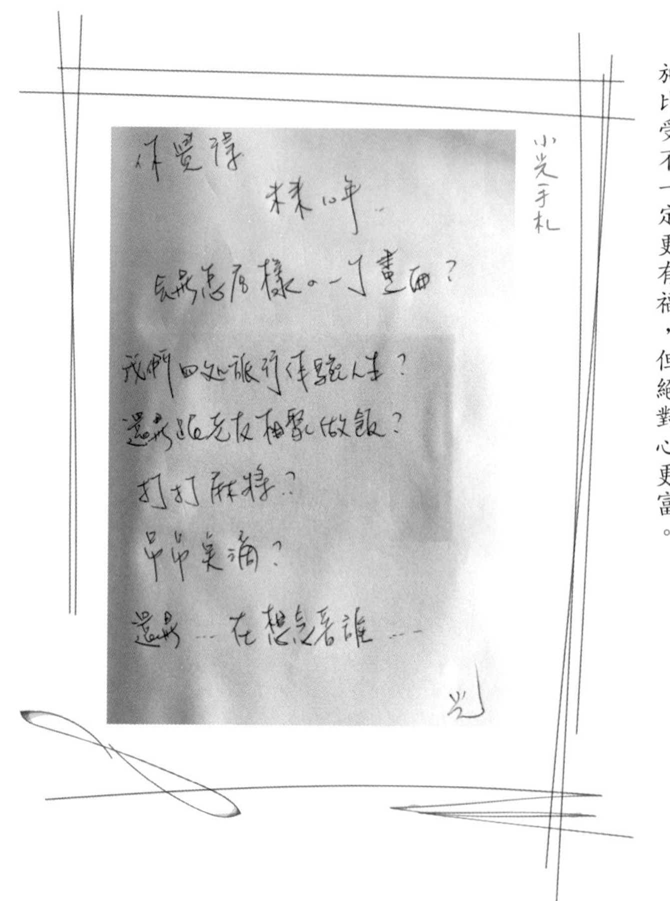
你覺得

未來10年

會是怎麼樣的一個畫面？

我們四處旅行體驗人生？

還是跟老友相聚做飯？

打打麻將？

[illegible]美滿？

還是……在想念著誰……

光

小光手札

05 每個生命都會逝去，所以每次見面都值得慶祝

「孤獨」的逆襲五：

人世間所有的相遇，都是久別重逢。

——王家衛《一代宗師》

那天，安溥在小巨蛋演唱會上這麼說：「生命終將逝去，所以能見到每一個人事物的瞬間，那個當下都是我們僅有的，那一刻就是一種慶祝。」

我一聽眼眶就泛紅了，因為這幾句話，就是我這一年多來的心情。

只有遇過無常的人，才會真的懂得無常的威力；也只有遇過無常的人，才會更懂得珍惜的真義。

珍惜不只是一種提醒，而是發自內心地認為，人生唯一的真實就是此刻，所以才更要善用每一個此刻。尤其是面對那些，也把他們人生珍貴的此時，用來跟你相聚的人。

每一個此刻，都稍縱即逝。每一次說再見，都不一定能真的再見。

我開始把每一次跟朋友的聚會，都當成是最後一次的聚會來面對，所以每一次都格外開心；把每一次跟家人的相處，都當成是這一世最後的緣分，所以每一次都格外珍惜；把每一次跟愛人的團聚，都當成是最後一面，所以都值得給上自己最純粹的愛。

生命正在流逝，我們所擁有過的一切：童年、青春、家人、事業、愛人……最後都一定會慢慢消失；可是歲月也會讓我們獲得：美好的記憶、轉化後更延長的愛、更強大的靈魂。

那些時光並不是平白地消逝，而是都化成了那些經歷。人生的意義就是不斷地去「經歷」——經歷過「失去」才會真的懂得「珍惜」，經歷過「痛苦」才會真的懂得「幸福」，經歷過「失敗」才會真的懂得「成長」。

歲月會給你最好的禮物，就是我們終於都蛻變成了更好的自己。

讓那些生命中的艱難，更寬闊我們的視野。讓我們真的體會到所謂生命的「智慧」，並**不是刻意地舉起或放下，而是更明白接受那一切的發生，並與它自在地共存。**

沒有人能夠主宰生命的長度，可是我們可以決定它的厚度。讓我們的生命活得更豐沛的方法，就是每一刻都對身旁的人真心真意。既便後來沒有再見的緣分，我也沒有遺憾；即便下一秒便要永世分離，我也已經盡力。

用力去愛你想愛的人，如果你希望「被愛」就先去「愛」，因為你不可能從他人身上發現愛，除非你先在自己身上找到愛；盡力去祝福，所有有緣跟你交會而過的人，因為只有你先給予祝福，你才能真正擁有祝福。

生命並不完美，我們的這一生也不是為了證明這個世界的完整無瑕，所以我們才會需要更大的心靈自由，去同時經歷善與惡，同時跟悲傷與快樂交手，最後再用最溫柔的創意，把自己的心安置好。如果此刻你正覺得孤獨、覺得空白，請不要沮喪，因為空白才能夠提供你心靈最大的自由，去「自由」描繪出接下來人生無限的空間跟可能。

此刻，我不知道你為什麼會翻開這本書，又為什麼會看見這段文字。此刻就是我們的相聚。我有我的故事，而你也有你人生那些深刻的過往。如果願意，那就由我先開始吧！我想跟你分享的有許多，而我最想說的是，謝謝你也把你的此刻給了我，我們也許陌生，卻從不孤寂。

所以，讓我們舉杯，敬此刻。Cheers!

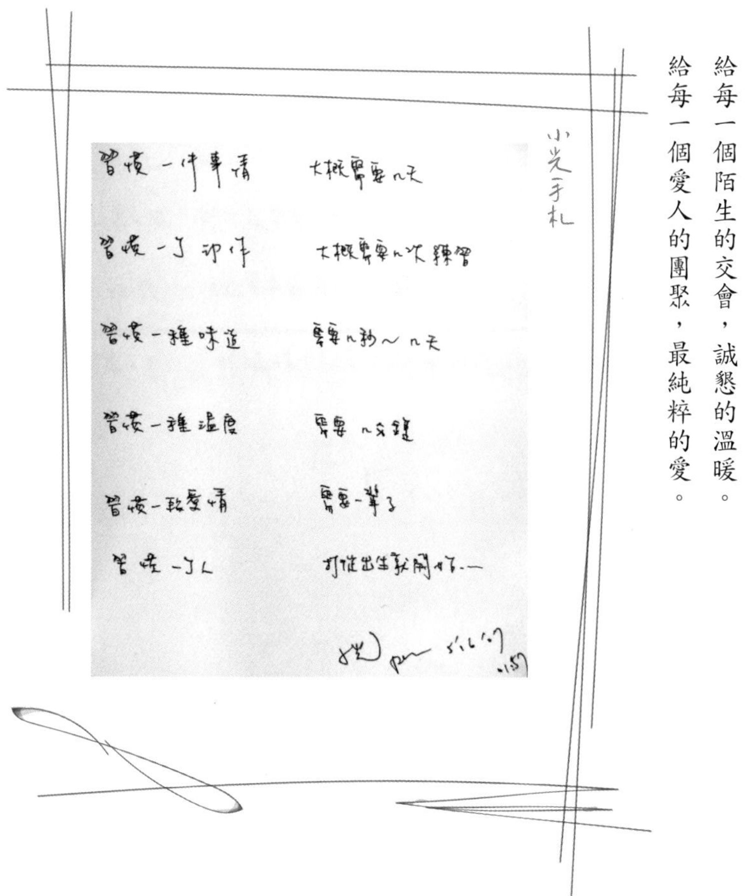

小光手札

習慣一件事情　大概需要几天

習慣一个动作　大概需要几次練習

習慣一種味道　需要几秒～几天

習慣一種溫度　需要几分鐘

習慣一段愛情　需要一輩子

習慣一个人　打從出生就開始了—

獻給你的禮悟：

給每一個陌生的交會，誠懇的溫暖。

給每一個愛人的團聚，最純粹的愛。

06 生命的課題會不斷重複，直到你真的學會為止

「孤獨」的逆襲六：

為什麼會一直重複遇上同樣的事？為什麼會一直重複受同樣的傷？為什麼會一直在同樣的夜裡，感受到自己的孤獨呢？

這是一個清晨，這是我生命中許多個清晨之一。我在床上醒來，等下下床後，我想我會點一支菸，然後幫自己泡杯咖啡，那是我每天習慣的開始。

我們都擁有許多的習慣，習慣早上起床的方式、習慣的穿著、習慣的表達、習慣面對生活的態度……我們在那些日復一日的日子裡，習慣了那些習慣，習慣了那些阻礙，甚至習慣了那些傷，幾乎不會懷疑。

「也許那就是自己的命吧！」你有時候會聳聳肩對自己這麼說，你勉強接受了，但那樣並沒有讓你覺得更好。

然而那個結果，真的是上天在告訴你那就是你的命嗎？還是其實上天是想用那個結果告訴你，你必須調整，只要調整過了，你接下來的路就會完全不一樣了？

思考一下，如果一直遇上相同的事情，有沒有可能是因為自己一直都習慣用相同的方式在面對那樣的事情，所以才會一直得到同樣的結果呢？

所以，並不是自己的命不好；相反地，上天其實是非常厚愛你的，它一直不厭其煩地在提醒你，不要再用同樣的方式去思考跟處理了，趕緊調整一下這個習慣吧！

生活裡大大小小的事情，其實都是這樣的。很多我們經常會遇見的狀況，其實跟我們的「運氣」無關，而是跟我們的「習慣」有關。每一次我們覺得卡住的關，都是一次上天的提示。

生命中沒有什麼事物是「錯誤的」，所有的事情都是為了你的生命課題而設計、而呈

現在你的生命之中，所有我們在人生過程裡所犯下的錯誤與嘗試，都是靈魂成長必經的過程。

上天從來沒有自你的生命離開，它一直在慈悲地給我們提示，即便在孤獨之處、在險峻之時，也從來不曾與你斷過聯繫，而我就是在生命的最孤獨之時，明白了**所有事物會帶給你的「快樂」與「悲傷」都是相同力道的，就像我愛的寵物過世，我會如何悲傷，就是因為我曾從其中得到過多大的快樂。**

我們在生命裡所面對最大的悲傷，就是「愛」的逝去，尤其是「親情」之愛與「愛情」之愛。每一次我們在愛的生離、死別裡，都一樣椎心刺骨，都同樣手足無措。你會傷心、灰心，覺得人生很苦。

從前，你會壓抑那樣的悲傷，甚至永遠走不出來，可是現在，你已經取得了跟上天的聯繫，從此，你可以有兩種新的選擇：

第一、這是我要的選擇，我理解這個選擇會帶給我相同力道的「樂」與「苦」，但我仍願意繼續在這個輪迴的漩渦裡成長。

第二、我已懂得放下，因為這場人生電玩我終於破關，是時候跳出這場輪迴的遊戲，並開始把重點放在只付出而不求回報。因為不求回報，就不會有失落，這樣才會得到真正的喜悅與圓滿。

兩種選擇，都是去路。甚至你還會悟出其他更多的選擇，只要是跟從前不一樣的選擇，都是學會，都會讓我們的靈魂，再一次的成長。

人生要放長遠來看，不要放大這一時的孤單，此刻你悲傷的理由，將來極可能就是你感恩的緣由。試著去接受上天自有安排，把悲傷當作一種成長，在命運的逆襲中鍛鍊勇敢，在生命的起伏裡感受真愛。一輩子真的很短，不要一直在遺憾裡打轉。

人生的可能性很多，比你所能想像的還要更多，開始去接收上天發給你的訊息，讓自己已經重複了太久的循環，有一個不一樣的開始。

生命的課題會不斷重複，直到你真的學會為止。

這本書，就是我在這五十年的人生裡，最重要的學會。

我還在學，還在虛心地接受上天給我的課題。

每一天、每一個分秒，都是一個生命全新的開始，都會有新的體會。

這是一個清晨，我在紐約醒來，自從兩年前在西班牙Ibiza半島的溺水事件以來，我第一次飛離臺北，來到這麼遠的地方。

這次，我依然帶著你，我將你安置在我的心底，這是我們從前一起來過好幾次的城市，走訪了十幾家藝廊，忽然在展區看到了一幅作品，竟然那麼神奇地描繪出我當時在Ibiza海灘上抱著你的場景……我努力在那邊看了好久好久，然後，離開。

我知道那就是一個上天的訊息。而我已經走在新的開始之上。

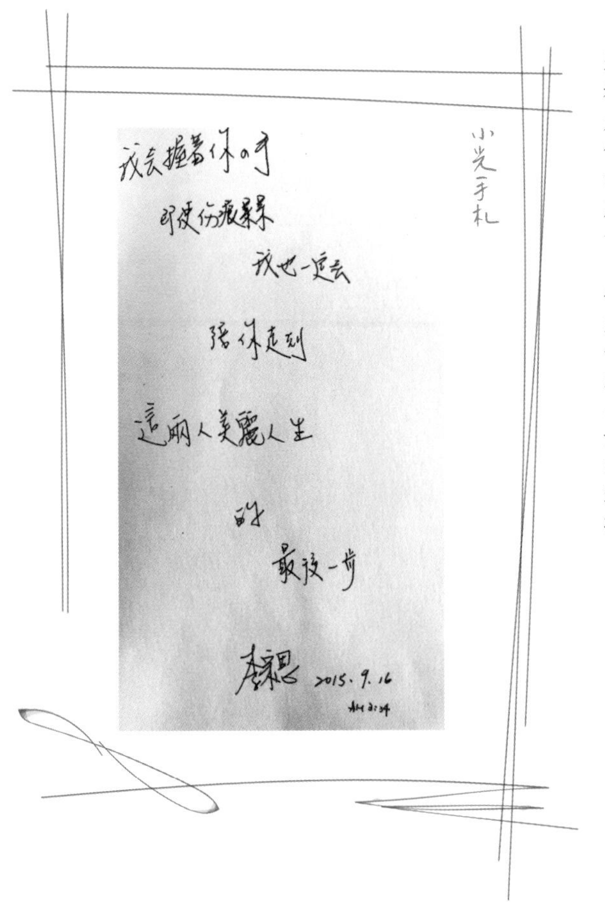

獻給你的禮悟：

所有事物會帶給你的「快樂」與「悲傷」都是相同力道的。

你會如何悲傷，就是因為你曾經從其中得到過多大的快樂。

這都是你的成長，也是你最美好的選擇。

三跪九叩的苦行憎，最懂得孤獨的力量。

我深深堅信，我們終會重逢。

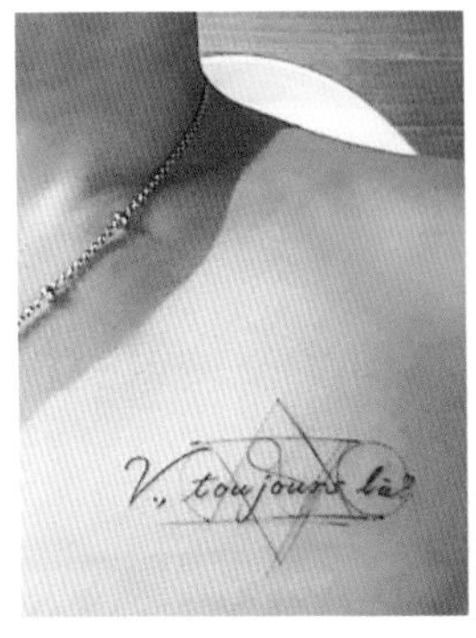

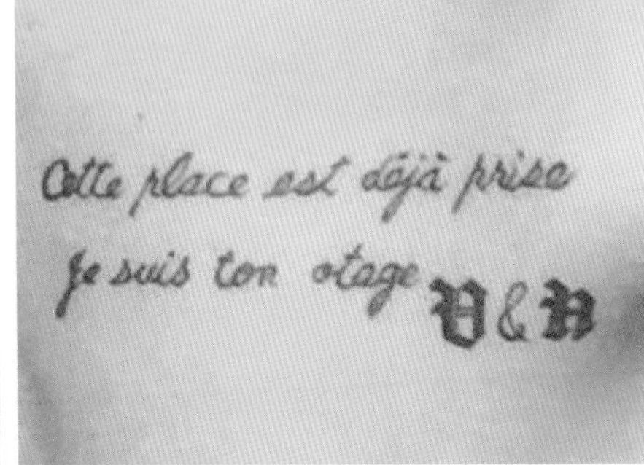

你我胸口的刺青，就是我們的潛臺詞。
右／小光的刺青的法文原意：有人住在這裡Ｖ＆Ｈ。
左／我的刺青的法文原意：你～永遠在這裡。

謝謝安溥，再次提醒我：每一次相見，都值得珍惜！

翻拍藝術家 Sanya Kantarovsky 在 NY Luhring Augustine Gallery 2019 年的作品 Fracture。
讓我理悟：生命課題會不斷重複，直到你真的領悟。

承縉的感謝

最誠摯的感謝，我身邊所有的貴人朋友們。謝謝你們，豐富了我們生命的厚度，在黑暗中，為我們點亮希望的燈。

謝謝介紹各式醫療、幫小光求平安符，或其他協助的貴人及好朋友們：

小燕姐、藹玲姐、康永哥、芳姐、Jolin、蔡媽媽、小豬、寶儀、黑人哥、Roger、杉哥、Summer、仲傑、王姐、Rick、Nonie、思銘哥、王湯姆、雪芬姐、比爾賈、翠娟姐、一修、和伶、仔仔、馬克、嘉容、Connie、衛莉姐、Noloo、雅芬姐、阿丹、星星王子、Queenie、鎮和、趙公子、皇儀、瑪姬、kate、豆苗、珍妮姐、小胖、小小哥、麗瑩姐、素惠姐、如虹姐、廣輝、佩貞、中言、Splendy、Joyce、雷婆、Isabel、小洪、阿良、路易、Elbert夫婦、王妞、恩瑞、阿金、景翔、奕蓁、bobo、小雀、子萱、和瑞。

謝謝各式醫療聖手：

Emily、林主任、蘇中醫、所羅門、素卿姐、蕭老師、陳醫師、宛娟姐、謝醫師、一休、張師父、宥利姐、Maggie、游爸、啓良。

謝謝在演唱會或臉書幫他祈福，以及在百忙中來探望他的藝人朋友們：

aMEI、舒淇、陶子姐、李仁哥、小S、梁詠琪、佼哥、丞琳、榮浩、心亞、信、Elva、謹華、溫嵐、張韶涵、戴愛玲。

謝謝一直撐著我們的好朋友們：

青峰、綺貞、曲老師、老蕭、Ella、艾怡良、雅萍、鄔裕康、比利、Kris、阿丹、蘋果、玉愛姐、小倫姐、阿圖、雪梨、宋姐、雲鑫姐、子薇、寬菁、廖姐、琍萍姐、義文&小烈、宜君姐、漢菁、逸凡、英哲、寶琪、Eric、Jack、小高、hank、小霜、大大、佳吟、書傑、momo姐、伯駿、啓民、小權、噴噴、浩子、玉琴、怡雲、詹哥、Joanna、虎哥、小准、Dawn、牟哥、潘密拉、天駿、Albert & David、宋呆、Ginger、至潔、若涵、光平、阿碰、蘇哥、寶哥、Ray Ray、帽帽、翔翔、欣格、政哥、威廉、小龍、賀蓮、秀秀、Kim & Rebecca、政安、介一哥、佳和、小支、可樂、ED、小守、肯尼&小希及所有家傢酒、源活、上引及天地合的同事們。

謝謝待我們如家人般照顧的好友們：

大姐、川哥、戴倫、忠偉、健弘、大仁、大D、慧芳、吉米、Cason、奶豆、嘟嘟姐。

最後謝謝我最愛的家人及小光的家人們。

祝福大家，希望這本書也能成為你們的禮悟。

禮悟：在脆弱的盡頭,看見生命出口 / 蔣承縉, 李小光著. -- 初版. -- 臺北市：時報文化, 2019.09；面 ；
14.5 ×19 公分. --（VIEW：067）
ISBN 978-957-13-7885-5（平裝）

1.自我實現 2.成功法

177.2 108011052

VIEW 067

禮悟：在脆弱的盡頭，看見生命出口

作者　蔣承縉、李小光（手稿文字）｜主編　陳信宏｜編輯　王瓊苹｜執行企畫　曾俊凱、吳美瑤｜美術設計　三頁文（Yendesign）｜董事長　趙政岷｜出版者　時報文化出版企業股份有限公司 10803 臺北市和平西路三段240 號 3 樓　發行專線—(02)2306-6842　讀者服務專線—0800-231-705・(02)2304-7103　讀者服務傳真—(02)2304-6858　郵撥—19344724 時報文化出版公司　信箱—10899臺北華江橋郵局第99信箱　時報悅讀網—www.readingtimes.com.tw　電子郵件信箱—newlife@readingtimes.com.tw　時報出版愛讀者—www.facebook.com/readingtimes.2｜法律顧問　理律法律事務所　陳長文律師、李念祖律師｜印刷　華展印刷有限公司｜初版一刷　2019 年 9 月13 日｜初版七刷　2021 年 5 月24 日｜定價　新臺幣 380 元｜（缺頁或破損的書，請寄回更換）

時報文化出版公司成立於1975年，1999年股票上櫃公開發行，2008年脫離中時集團非屬旺中，以「尊重智慧與創意的文化事業」為信念。